# GÉNÉRATION IDENTITAIRE

Original: *Die identitäre Generation*, London: Arktos, 2013.

Première édition française publiée en 2014 par Arktos Media Ltd.

© 2014 par Arktos Media Ltd.

Tous droits de reproduction, d'édition, d'impression, de traduction, d'adaptation, en totalité ou en partie, réservés en exclusivité pour tous les pays. Aucune partie de ce livre ne peut être reproduite ou transmise sous aucune forme ou par quelque moyen électronique ou mécanique, en particulier par photocopie ou par microfilm, enregistrement ou par une autre forme d'entreposage, est interdite sans l'autorisation de l'éditeur.

Publié au Royaume-Uni.

ISBN 978-1-907166-48-8

Traducteur: Rémi Tremblay
Couverture: Andreas Nilsson
Mise en page: Daniel Friberg

ARKTOS MEDIA LTD
www.arktos.com

Markus Willinger

# GÉNÉRATION IDENTITAIRE

UNE DECLARATION DE GUERRE
CONTRE LES SOIXANTE-HUITARDS

ARKTOS
Londres, 2014

*Ce livre exprime uniquement les opinions, points de vue et affirmations de l'auteur, Markus Willinger. Ni l'auteur, ni ce livre ne sont représentatifs d'un quelconque groupe ou organisation identitaire européenne ou de l'ensemble de ces groupes.*

# TABLE DES MATIERES

Avant-propos par Philippe Vardon: La Première Ligne . . . . . . . . 7
Mot de l'éditeur . . . . . . . . . . . . . . . . . . . . . . . . . . . . . . . . . . . 11
Préface . . . . . . . . . . . . . . . . . . . . . . . . . . . . . . . . . . . . . . . . . 13
Génération Identitaire . . . . . . . . . . . . . . . . . . . . . . . . . . . . . 16
Sur la solitude . . . . . . . . . . . . . . . . . . . . . . . . . . . . . . . . . . . 19
Sur la religion . . . . . . . . . . . . . . . . . . . . . . . . . . . . . . . . . . . 21
Sur la politique . . . . . . . . . . . . . . . . . . . . . . . . . . . . . . . . . . 23
Sur la vie familiale idyllique . . . . . . . . . . . . . . . . . . . . . . . . . 25
Sur les sexes . . . . . . . . . . . . . . . . . . . . . . . . . . . . . . . . . . . . 27
Sur les bébés à naitre . . . . . . . . . . . . . . . . . . . . . . . . . . . . . 29
Sur l'économie . . . . . . . . . . . . . . . . . . . . . . . . . . . . . . . . . . 31
Sur la pensée critique . . . . . . . . . . . . . . . . . . . . . . . . . . . . . 33
Sur l'écologie . . . . . . . . . . . . . . . . . . . . . . . . . . . . . . . . . . . 35
Sur la société multiculturelle . . . . . . . . . . . . . . . . . . . . . . . . 37
Sur l'universalisme . . . . . . . . . . . . . . . . . . . . . . . . . . . . . . . 39
Sur la démocratie . . . . . . . . . . . . . . . . . . . . . . . . . . . . . . . . 42
Sur la diversité . . . . . . . . . . . . . . . . . . . . . . . . . . . . . . . . . . 44
Sur le national-socialisme . . . . . . . . . . . . . . . . . . . . . . . . . . 46
Sur la fin du monde . . . . . . . . . . . . . . . . . . . . . . . . . . . . . . 48
Sur les affaires étrangères . . . . . . . . . . . . . . . . . . . . . . . . . . 50
Sur l'union européenne . . . . . . . . . . . . . . . . . . . . . . . . . . . . 53
Sur la mort . . . . . . . . . . . . . . . . . . . . . . . . . . . . . . . . . . . . 55
Sur la sexualité . . . . . . . . . . . . . . . . . . . . . . . . . . . . . . . . . 57
Sur le racisme . . . . . . . . . . . . . . . . . . . . . . . . . . . . . . . . . . 59
Sur le Nouvel an . . . . . . . . . . . . . . . . . . . . . . . . . . . . . . . . 61
Sur le déclin et la chute de l'empire romain . . . . . . . . . . . . . . 63
Sur l'Islam . . . . . . . . . . . . . . . . . . . . . . . . . . . . . . . . . . . . 66

Sur le corps et l'Esprit. . . . . . . . . . . . . . . . . . . . . . . . . . . . . . . .68
Sur la liberté. . . . . . . . . . . . . . . . . . . . . . . . . . . . . . . . . . . . . . . .70
Sur l'ethnopluralisme . . . . . . . . . . . . . . . . . . . . . . . . . . . . . . . .72
Sur la responsabilité . . . . . . . . . . . . . . . . . . . . . . . . . . . . . . . . .74
Sur la mondialisation . . . . . . . . . . . . . . . . . . . . . . . . . . . . . . . .76
Sur la fuite . . . . . . . . . . . . . . . . . . . . . . . . . . . . . . . . . . . . . . . . .79
Sur le Zeitgeist . . . . . . . . . . . . . . . . . . . . . . . . . . . . . . . . . . . . .81
Sur le besoin d'identité. . . . . . . . . . . . . . . . . . . . . . . . . . . . . .83
Sur le service militaire obligatoire. . . . . . . . . . . . . . . . . . . . .86
Sur l'intégration . . . . . . . . . . . . . . . . . . . . . . . . . . . . . . . . . . . .88
Sur un monde sans identité . . . . . . . . . . . . . . . . . . . . . . . . . .90
Sur le conflit au Moyen-orient . . . . . . . . . . . . . . . . . . . . . . . .92
Sur l'art . . . . . . . . . . . . . . . . . . . . . . . . . . . . . . . . . . . . . . . . . . .94
*Aurea aetas*: l'âge d'or . . . . . . . . . . . . . . . . . . . . . . . . . . . . . .96
Notre décision . . . . . . . . . . . . . . . . . . . . . . . . . . . . . . . . . . . . .98
Nos armes . . . . . . . . . . . . . . . . . . . . . . . . . . . . . . . . . . . . . . . 101
La déclaration de guerre . . . . . . . . . . . . . . . . . . . . . . . . . . . .103

# AVANT-PROPOS: LA PREMIÈRE LIGNE
## par Philippe Vardon

« Parce que nous avons l'âge de tous les défis et une immense responsabilité face à l'Histoire, nous avons fait le choix de la résistance. »
– Manifeste des Jeunesses Identitaires, septembre 2002

« People try to put us down – Talkin'bout my generation
Just because we get around – Talkin'bout my generation »
– The Who, 'My Generation'

Abandonnés, isolés, atomisés, déracinés. Sans mémoire… et donc sans boussole pour l'avenir, c'est ainsi qu'ils nous voulaient. Plus accessibles pour les marchands, plus crédules pour les communiquants, plus dociles pour les gouvernants. Mais le plan connait quelques ratés, comme le présent ouvrage en porte témoignage.

La génération identitaire, c'est avant tout la génération que l'on aurait justement rêvée sans identité. On la souhaitait uniquement hédoniste, mercantile, individualiste, se demandant « *Que vais-je faire ?* » (de MA vie, de MON argent, pour MA carrière). Elle a pris de cours tout le monde en se révélant autrement plus profonde, chacun se demandant en tout premier lieu « Qui suis-je ? », et donc « Qui sommes-nous ? ». Des dirigeants n'ayant cherché toute leur vie qu'à jouir (toujours et encore davantage) n'avaient pas prévu que dans cette génération des dissidents se lèveraient en préférant l'être au paraître, l'être à l'avoir. Nous avons peut-être retrouvé la trace du fameux bug de l'an 2000, car là il s'agit d'une vraie erreur dans leur logiciel…

Ils ont imposé l'immigration massive et incontrôlée dans toute l'Europe pour forcer la marche vers le multiculturalisme triomphant et le village mondial. Immense erreur ! Si, bien sûr, les conséquences économiques, sociales, culturelles, sécuritaires de cette immigration sont terribles, je clame moi aussi haut et fort comme les zélés collaborateurs de la submersion que « *l'immigration est une chance* » ! Je provoque ? Oui, mais pour moi l'immigration est une chance car elle a permis le réveil de notre peuple, de nos peuples. C'est face à l'Autre que le Nous prend son sens. C'est face aux Perses que Spartiates et Athéniens se découvrent Hellènes. Eh bien de la même façon, c'est dans la confrontation avec l'immigration extra-européenne, et donc la prise de conscience des différences, des jeunes Français que le réveil identitaire a émergé. C'est ce réveil (souvent difficile, parfois violent) qui est devenu mouvement de résistance, et sera demain Reconquête.

Ils ont souillé nos drapeaux, effacé nos frontières, perverti jusqu'au nom des choses. Avec eux, la patrie n'est même plus la terre des pères ! Elle devient une idée fumeuse, une abstraction, une construction. Là où elle est pour nous tout ce qu'il y a de plus concret : nos mots et nos chants, nos forêts et nos montagnes, nos clochers et nos châteaux, les tombes de nos parents et les berceaux de nos enfants. Notre drapeau nous le portons en nous, notre frontière nous la traçons : c'est notre identité ! Les agents du système à tuer les peuples (selon la formidable formule de Guillaume Faye) voulaient briser la chaîne de l'héritage, nous venons raccrocher les maillons.

Le combat identitaire — s'il est bien sûr porteur d'un idéal, s'il se décline évidemment à travers des idées — dépasse largement une simple question « idéologique ». Il est un combat pour la continuité (car l'identité n'est pas le passé, mais justement ce qui ne passe pas), ou pour le dire plus clairement : la survie. C'est un combat que l'on ne peut fuir ou refuser, sans perdre alors notre dignité d'homme debout.

Présentant bien sûr des aspects personnels — car lorsqu'on se fait porte-parole d'un groupe on n'en perd pas pour autant sa propre voix — et donc forcément quelques points marginaux avec lesquels (comme moi d'ailleurs) vous pourrez éprouver des désaccords, la déclaration de guerre que signe ici Markus Willinger synthétise néanmoins nombre d'idées et de concepts placés au cœur de la lutte identitaire amorcée (sous cette forme) en 2002 en France et trouvant aujourd'hui écho dans plusieurs nations sœurs. Ce texte se situe aussi dans l'orbite direct du défi lancé par les plus jeunes des militants identitaires (à travers le mouvement Génération Identitaire lancé en août 2012, et largement popularisé par l'occupation — ô combien symbolique — du toit de la mosquée de Poitiers) à la génération de mai 68, occupant aujourd'hui des postes de responsabilité dans quasiment tous les domaines et portant une responsabilité majeure dans le chaos auquel nous devons faire face.

Je terminerai cette préface en invitant chacun à faire sienne une idée que nous avons toujours cherché à garder vivante dans notre façon d'envisager la lutte politico-culturelle dans laquelle nous sommes engagés et qui — je crois — conditionne un certain nombre de réactions et d'attitudes. Certains, parfois pénétrés d'une forme de romantisme morbide (qui peut avoir son charme dans le domaine musical ou littéraire mais se révèle catastrophique dans la sphère militante), se complaisent et se morfondent dans la posture du « dernier carré ». Ils seraient alors la dernière garde d'un monde qui périt, et le combat serait d'autant plus beau qu'il est bien entendu perdu. C'est une attitude à la fois confortable (si c'est perdu d'avance, autant ne pas faire non plus trop d'efforts, forcément vains) et totalement suicidaire.

Tout au contraire, les identitaires sont l'avant-garde, mieux encore la première ligne ! Loin d'être la dernière expression d'un monde qui agonise, ils sont les premières fleurs d'une nouvelle naissance (selon l'étymologie même de « révolution »). Pour utiliser une autre image, les identitaires ne sont pas les derniers veilleurs d'une

flamme qui vacille mais mille flambeaux qui s'allument dans la nuit.
Tends ta main, ami, empoigne toi aussi la torche et embrase-la !

*Philippe Vardon (né en 1980) est diplômé en science politique. En 2002, il fut l'un des fondateurs du mouvement identitaire en France, débutant avec son mouvement jeunesse, Jeunesses Identitaires, et il participa également à la formation du Bloc Identitaire, la principale organisation identitaire en France. Il fut le principal porte-parole de Jeunesses Identitaires durant cinq ans. En 2007, il fonda une branche locale du mouvement identitaire dans sa ville de Nice, le groupe Nissa Rebela, qui a participé aux élections locales. Il tenta de se faire élire comme maire de Nice en 2008 et se présenta pour d'autres postes dans les élections subséquentes. De plus, il dirige aujourd'hui Les Identitaires, le groupe de réflexion du mouvement identitaire français.*

# MOT DE L'ÉDITEUR

L'auteur utilise fréquemment le terme soixante-huitard, un terme bien connu en Europe occidentale, mais beaucoup moins dans le reste de la francophonie. Ce terme désigne la génération qui devint adulte autour de l'année 1968 et qui est responsable des événements politiques et sociaux d'inspiration marxiste qui se produisirent à l'époque, notamment les grèves majeures qui frappèrent la France cette année-là. En mars, un groupe d'étudiants et de sympathisants occupa l'édifice administratif de l'Université Paris X Nanterre en signe de protestation contre ce qu'ils percevaient être de la discrimination de classe dans la société française. L'administration dut faire appel aux forces de l'ordre, mais les manifestations durèrent deux mois et en mai, elles se répandirent à d'autres universités et d'autres groupes s'y joignirent, ce qui mena à la plus grande grève générale de l'histoire du pays et paralysa celui-ci, ce qui faillit causer la chute du gouvernement. Bien que des manifestations semblables eurent lieu dans de nombreux pays, la grève française fut de loin la plus grosse et la plus efficace. Même si les manifestations de 1968 ne réussirent pas à instiguer une révolution, elles marquèrent toutefois le début d'une période de réformes politiques libérales dans ces nations. Ces réformes et leurs conséquences ont continué de dominer le paysage politique et culturel de l'Europe occidentale depuis et sont qualifiées de « nouveaux mouvements sociaux ». Plusieurs des étudiants protestataires de 1968 vinrent à occuper des postes clés en politique et dans le monde académique ainsi que culturel et, dans les années qui vinrent, utilisèrent leur rôle d'autorité pour répandre leurs idées de jeunesse radicale dans la société. Les soixante-huitards ressemblent à la génération que nous appelons « baby boomers » en Amérique du Nord, cette génération née après la Seconde Guerre mondiale dont beaucoup devinrent des hippies, des activistes pacifiques et d'autres soi-disant révolutionnaires pendant les années 60 avant d'évoluer plus tard en croisés libéraux dans leur carrière subséquente.

A l'évidence, l'auteur utilise également de façon fréquente le terme « identité » et « identitaire ». L'auteur de la Nouvelle Droite Guillaume Faye, dans son ouvrage *Pourquoi nous combattons : Manifeste de la résistance européenne*, a défini l'identité comme suit : « *L'identité d'un peuple est ce qui le rend incomparable et irremplaçable.* » Il continue :

> La caractéristique de l'humanité est la diversité et la singularité de ses peuples et de ses cultures. Toute homogénéisation est synonyme de mort et de sclérose, d'entropie. Les universalismes ont toujours voulu marginaliser les identités, au nom d'un modèle anthropologique unique. L'identité ethnique et l'identité culturelle forment un bloc : le maintien de l'héritage culturel et son développement supposent une proximité ethnique au sein des peuples. […] Attention : le fondement premier de l'identité est biologique : sans lui, les deux autres niveaux, culturel et civilisationnel, ne sont pas durables. Autrement dit, l'identité d'un peuple, de sa mémoire et de ses projets, repose avant tout sur des dispositions concrètes et héréditaires ». […] L'identité n'est pas figée. Il faut rester soi-même tout en évoluant, concilier l'être et le devenir. L'identité est une dynamique et non pas un état statique et purement conservateur. L'identité doit se penser comme le socle d'un mouvement de durée dans l'histoire, c'est-à-dire de la continuité générationnelle d'un peuple. Les notions dialectiquement associées d'identité et de continuité permettent à un peuple d'être le producteur de sa propre histoire.
> (*Pourquoi nous combattons* [Paris: Éditions de L'Aencre, 2001], pp. 146-149)

« *Les individus et groupes qui ont été inspirés par ce concept d'identité sont fréquemment qualifiés d'identitaires.* »

—John B. Morgan, 5 avril 2013

# PRÉFACE

L'Europe traverse une crise profonde. La crise actuelle est pire que la division de l'Europe par le Rideau de fer ou même la destruction de notre continent durant les deux guerres mondiales. La crise est fondamentalement différente des autres que nous avons traversées dans le passé. C'est une crise de l'esprit européen.

Après le règne de terreur national-socialiste, notre continent devint malade et perdit sa volonté de vivre.

La génération suivante, les soixante-huitards, détesta et condamna tout ce qui leur avait été transmis : toutes les traditions, toute croyance en leur propre peuple, toute volonté d'identité authentique.

Cette croyance que son propre peuple ne vaut rien, que les cultures, les peuples et les familles ne comptent pas et doivent être éradiqués, menace la survie de l'Europe comme continent pour les Européens.

Le peuple d'Europe a perdu sa volonté de vivre ; il se meurt, parce qu'il ne veut plus vivre, parce qu'il ne veut plus avoir d'enfants et parce qu'il a oublié ce que signifiait de se lever et de se battre pour les siens.

L'idéologie des soixante-huitards a contaminé l'Europe. C'est une maladie qui nous tuera si nous n'y trouvons pas de remède. Même si nous avons perdu notre volonté de pouvoir, ce n'est pas le cas de nos voisins qui pénètrent déjà dans nos frontières et qui occupent les lieux que nous leur abandonnons sans combattre.

L'idéologie des soixante-huitards est déconnectée de la réalité et ne peut perdurer. Elle disparaîtra avec le temps. Soit nous, les Européens, en guérirons et nous en libérerons, soit elle nous plongera dans l'abysse pour que nous disparaissions avec.

\*

Pour la première fois dans l'histoire de l'humanité, des peuples étrangers envahissent des régions sans rencontrer la moindre résistance de la part des peuples indigènes. Le fait que l'Europe court à sa perte après des millénaires de glorieuse histoire ne peut être attribué à la force des envahisseurs, mais plutôt à notre manque de volonté de nous battre pour notre survie.

Les soixante-huitards ont fait de l'affirmation identitaire quelque chose de mal. Ils l'ont associée à la guerre, à la destruction, aux massacres et à la violence.

Ils nous ont tellement fait douter de notre propre valeur que nous n'osons pas nous défendre ; nous endurons silencieusement ce que les autres nous infligent.

Nous avons tellement peur de se faire qualifier de « raciste » que nous acceptons le racisme anti-Européen sans broncher.

Quand les soixante-huitards ont pris le pouvoir en Europe, ils n'ont pas fait que permettre l'immigration de masse de peuples étrangers ; ils l'ont activement encouragée. Ils l'ont appelée le multiculturalisme.

Nous, les jeunes Européens, avons grandi sur un continent qui ne nous appartient plus. Nous avons seulement connu une culture en déclin, nos peuples mourants. Nous avons dû résister aux tentatives de nos parents et grands-parents de nous déraciner et de faire de nous des « individus » sans identité. Ils veulent que l'on se réjouisse de la chute de l'Europe et que l'on se soumette à ce dictat. Mais nous ne le ferons pas. Nous nous rebellons.

\*

Un nouveau courant politique balaie l'Europe. Il a un but, un symbole et une pensée : l'identité.

C'est le courant de notre génération. Il représente la jeunesse européenne. Une jeunesse qui veut la seule chose que l'idéologie des soixante-huitards ne peut lui donner : un futur.

Emanant de France, cette terre fière et noble, ce nouveau courant rejoint un nombre incalculable d'Européens. Il prend forme et proclame la fin de l'époque des soixante-huitards et le début d'une nouvelle époque, l'âge d'une nouvelle génération : la génération identitaire.

Notre génération se lève pour détrôner les soixante-huitards. Ce livre n'est pas un simple manifeste. C'est une déclaration de guerre. Une déclaration de guerre à tout ce qui rend l'Europe malade et menace de la tuer. Une déclaration de guerre à la fausse idéologie des soixante-huitards. C'est nous qui vous déclarons la guerre.

# 1.

## GÉNÉRATION IDENTITAIRE

Vous voulez savoir qui nous sommes ? D'où nous venons ? Ce qui nous motive ?

Nous vous le dirons.

Nous sommes les temps qui changent ; nous sommes le vent qui se lève ; la nouvelle génération. Nous sommes la réponse à votre existence, parce que nous sommes vos enfants.

Vous nous avez lancés dans ce monde, déracinés et désorientés, sans nous dire où aller ou où se trouvait notre voie. Vous avez détruit tous les moyens avec lesquels nous aurions pu nous orienter.

Vous avez réduit l'Église en ruine, pour qu'aujourd'hui seulement quelques-uns d'entre nous puissent encore trouver refuge dans cette communauté décatie.

Vous avez dévalué l'État pour qu'aucun de nous ne souhaite le servir.

Vous avez brisé la famille. Notre idylle domestique fut plongée dans le divorce, le conflit et la violence.

Vous avez réduit l'amour à une déconstruction réductionniste et ainsi, au lieu d'un lien profond, il ne reste plus que les pulsions animales.

Vous avez détruit l'économie, pour que nous héritions d'une montagne de dettes.

Vous avez tout remis en cause et critiqué, pour que nous ne croyions plus en rien ni en personne.

Vous nous avez laissé sans valeur et vous nous accusez maintenant d'être amoraux.
Mais nous ne le sommes pas.

*

Vous vous êtes promis une utopie, une société pacifique, multiculturelle, prospère et tolérante.
Nous sommes les héritiers de cette utopie et notre réalité est très différente.
Vous achetez votre paix avec une dette qui ne cesse d'augmenter.
Aujourd'hui, nous regardons votre prospérité disparaître à travers l'Europe.
Pour nous, votre société multiculturelle ne signifie que la haine et la violence.
Au nom de votre « tolérance », vous traquez tous ceux qui vous critiquent et vous les qualifiez d'intolérants.
On en a assez !
Pour nous, vos utopies ont perdu toute légitimité.
Réalisez enfin que nous ne vivons pas dans un monde unifié ou un village mondial. Les guerres, les pauvres et les opprimés seront toujours avec nous. Ce monde ne sera jamais un paradis sur Terre.
Vos délires ont seulement accompli une chose : vous avez déraciné vos enfants.
Nous sommes les perdus, les sans-abris. « *Qui sommes-nous ?* », nous demandons nous. « *Où allons-nous ?* »
Nous avons vu clair dans vos réponses et avons compris que c'étaient des mensonges. Nous ne sommes pas « l'humanité » et nous ne voulons pas de votre paradis.
Alors nous devons apporter nos propres réponses à ces questions.
Nous nous tournons vers ce que vous avez démonisé : nous.
Nous cherchons notre identité et l'avons trouvée sous les décombres de votre rage destructrice. Nous devons creuser profondément pour pouvoir retrouver qui nous sommes.
Notre histoire, notre patrie et notre culture nous donnent ce que vous nous avez pris.

Nous ne voulons pas être des citoyens du monde. Nous sommes plus heureux avec nos propres pays.

Nous ne voulons pas cesser l'histoire, parce que nous n'avons aucune raison de nous plaindre de notre histoire.

Nous ne voulons pas une société multiculturelle où notre propre culture est broyée dans le *melting-pot*.

Nous sommes moins demandants que vous, mais nous souhaitons tellement plus !

Alors que vous avez poursuivi vos utopies toute votre vie, nous voulons des valeurs réelles. Ce que nous demandons existe déjà : le posséder est notre droit ancestral. Nous ne souhaitons rien de plus que notre héritage et ne tolérerons pas que vous continuiez à le posséder.

Nous sommes la réponse à votre existence et à l'échec de vos illusions.

Parce que nous sommes la génération identitaire.

# 2.

## SUR LA SOLITUDE

Nous sommes pour vous une grande énigme. Un phénomène incompréhensible.

Nos paroles et nos actes réfutent toutes vos théories et vos arguments.

Nous vivons dans le monde dont vous avez rêvé, mais ce monde nous dégoûte.

Grâce à vous, nous pouvions nous développer sans valeur et sans obligation sociale ; grâce à vous, nous avons erré et nous nous sommes retrouvés seuls dans la vie.

Vous avez détruit tout ce qui aurait pu nous offrir une identité et un refuge, mais vous êtes choqués que nous soyons malheureux.

Dans notre for intérieur, nous avons le sentiment permanent d'être seuls, d'être perdus. Nous faisons tout pour atténuer ce sentiment.

Nous organisons les fêtes les plus débauchées et nous nous rencontrons dans des centres d'achats lumineux ; nous dansons toute la nuit, nous prenons de la drogue ou nous nous cachons derrière nos écrans. Tous les moyens sont bons pour surmonter cette solitude, mais à la fin, nous demeurons toujours seuls.

Vous nous avez appris que l'on pouvait tout acheter. Mais où peut-on acheter un remède à la solitude ?

Ce n'est pas que nous n'avons pas essayé. Avec des marques branchées, des étiquettes et des styles de vêtements à la mode, nous voulons appartenir à un certain groupe. Ça peut vous sembler ridicule, mais pour nous, c'est une des dernières possibilités de trouver la place qui nous revient.

Parfois, dans notre désespoir, nous parvenons à nous convaincre que nous sommes absolument uniques et que nous n'avons pas besoin d'appartenir à quelque chose. De cette façon, nous nous redonnons des forces lorsque la solitude nous submerge.

Même lorsque nous faisons partie d'un groupe, parce que notre âme réclame une identité et une appartenance, nous ne pouvons pas l'apprécier. Nous entendons toujours vos voix harcelantes par-dessus notre épaule nous avertir du danger de la pression des pairs et de la perte de notre individualité. Ce conflit interne nous plonge dans un désespoir encore plus profond.

*

Le compagnon noir de la solitude est l'ennui.

C'est l'ennui qui révèle tout d'abord à quel point nous sommes seuls. Nous ne voulons jamais nous ennuyer, parce que nous ne pourrions plus nous mentir.

Mais l'ennui est notre compagnon éternel qui nous enveloppe comme un nuage sombre et se fait sentir aussitôt que nous arrêtons quelques instants notre quête frénétique.

C'est pourquoi nous voulons atténuer notre ennui et notre solitude avec des moyens toujours plus osés et toujours plus tordus. Mais aucune euphorie artificielle ne dure assez longtemps pour nous apporter la paix. Aucun plaisir ne nous mène ailleurs qu'à l'effondrement.

Alors nous marchons dans la vie à moitié perdus et à moitié gelés.

Parce que nous sommes la génération identitaire.

# 3.

## SUR LA RELIGION

Qu'est-ce que la religion ? Que signifie pour nous l'Église ?
« Il n'y a pas de Dieu » ; ce fut votre credo. Mais cette affirmation est trop radicale pour nous.
Parfois nous croyons en quelque chose, parfois nous ne croyons en rien. Un peu en Dieu, un peu en la biologie, un peu en tout et un peu en rien.
C'est notre croyance. Nous ne le formulons pas, nous ne le proclamons pas, parce que vous avez fait de la profession de foi quelque chose de méprisable. Lorsqu'on pense à l'Église, seuls les mots intolérante et attardée nous viennent à l'esprit.
Nous ne sommes pas athées. Nous croyons en quelque chose, mais cette croyance ne nous apporte aucun sentiment d'appartenance ou de communauté. Vous avez fermé les bras accueillants que l'Église tendait vers nous une fois pour toutes.

*

Le fanatisme religieux dans toutes ses formes nous est incompréhensible et nous semble souvent primitif et stupide. Mais les gens et les cultures profondément religieux nous fascinent, car nous savons qu'ils ont quelque chose que nous n'avons pas : un profond sentiment intérieur qu'ils sont protégés et à l'abri, une certitude lucide en matière de bien et de mal.
Nous pouvons seulement imaginer comment on se sent de ne pas être constamment assailli par le doute. Nous ne le ressentirons

jamais nous-mêmes, car la religion est devenue impensable. Nous ne pouvons obéir aux dogmes et nous nous sentons à la fois supérieurs et inférieurs aux fanatiques.

Chaque vœu religieux, chaque affirmation de foi semble fou et fermé d'esprit. Aussitôt que quelqu'un semble prêt à défendre ses croyances, nous le suspectons de fanatisme et d'intolérance.

Mais même l'absence de valeur n'a plus de sens pour nous. Comment les athéistes savent-ils qu'il n'y a pas de Dieu ? Ainsi, nous croyons à un pouvoir supérieur indéfini qui pourrait ou ne pourrait pas exister.

\*

Notre croyance est sans valeur, car nous n'osons pas la prendre au sérieux. Notre peur d'avoir l'air fanatique est trop grande.

« *Je ne sais pas* » est notre slogan et, avec ces mots, nous plongeons dans la misère.

Nous ne pouvons plus croire et ainsi nous n'avons plus d'orientation. Nous voguons donc dans la vie sans être certains de rien, parce que nous ne voulons pas être certains de rien.

Parce que nous sommes la génération identitaire.

# 4.

## SUR LA POLITIQUE

Tantôt nous entendons dire qu'autrefois, il y avait des gens pour qui le plus grand honneur était de dévouer leur vie au service de l'État.

Nous ne pouvons le comprendre ou nous y rattacher, parce que vous nous avez fait détester l'État en le pourrissant de l'intérieur.

Vous l'avez démonisé comme un instrument d'oppression. Vous vouliez abolir l'État à tout prix, mais vous avez échoué. Alors que la plupart d'entre vous l'avez combattu, les plus vulgaires et avides des vôtres en ont pris le contrôle et sont devenus ceux qu'on nomme aujourd'hui politiciens.

Les autres se sont éloignés du service de l'État et ont laissé la politique aux représentants les plus repoussants de votre génération. Ainsi, le gouvernement n'est devenu qu'une autre opportunité de s'enrichir et d'enrichir ses amis.

Nous portons les conséquences de votre échec. Nous payons le prix pour le fait que vous étiez « *trop bons* » pour vous lancer en politique.

Nous ne haïssons pas l'État, nous le méprisons. Mais l'abolir ? Ça ne nous serait jamais venu à l'esprit.

Nous sommes réalistes. Nous savons que l'État est un mal nécessaire.

Nous sommes pessimistes. Nous ne nous attendons à rien d'autre que des mensonges de la part des politiciens.

*

Vous avez voté bouillants d'enthousiasme, fiers de votre droit de pouvoir vous faire entendre. Nous pouvons seulement rire de votre naïveté.

Aujourd'hui, plus personne ne croit que son vote peut changer quelque chose. Nous allons voter uniquement s'il n'y a rien de bon à la télévision.

Pour nous, les politiciens et les partis sont tous les mêmes. Ils disent tous la même chose après tout.

Ils nous ont promis la lune. Le chômage, la pauvreté, le crime et tout ce qu'il y a de mal auraient été abolis, si seulement nous avions voté pour eux. Sauf qu'aussitôt qu'ils ont gagné, il s'est révélé que toutes leurs paroles n'étaient que des promesses vides.

Alors nous avons arrêté de voter. Depuis aussi longtemps que nous nous rappelons, nous ne nous sommes jamais préoccupés de savoir quel parti tenterait de nous exploiter. Pour nous, les politiciens sont toujours les mêmes vieux radoteurs sans la moindre conception des problèmes et des inquiétudes de notre génération.

*

Vous nous dominez et vous dirigez le système politique pour vos propres intérêts. Vous ne vous préoccupez pas de la jeunesse. Alors, nous ne nous préoccupons pas de vous. Laissez-nous tranquilles et n'essayez pas d'agir comme si vous étiez nos amis. D'un seul coup d'œil, nous voyons clair derrière votre jeu de relations publiques.

Nous ne voulons rien savoir de vous et de vos plans pathétiques et vous en êtes la raison. Votre politique nous dégoûte. Vos luttes de pouvoir et d'influence nous repoussent. Vous nous repoussez.

Parce que nous sommes la génération identitaire.

# 5.

## SUR LA VIE FAMILIALE IDYLLIQUE

Dans d'innombrables séries de télévision, vous nous faites regarder la vie de familles synthétiques et parfaites. Nous avons faim pour de telles images, parce qu'elles sont le contraire de la réalité dans laquelle vous nous avez fait grandir.

Dans votre arrogance sans précédent, vous avez affirmé que la famille n'était plus nécessaire. Le père, la mère et les enfants seraient un modèle dépassé. Vous vous êtes joyeusement mis à la tâche d'éradiquer la famille.

Ce qui aurait dû être notre lieu de refuge et une source d'inspiration est devenu la scène d'innombrables chicanes et conflits.

Votre idéal était de vivre le succès et les plaisirs de la vie. Alors vous avez profité de la vie. Mais qui s'est occupé de vos enfants ?

Vous étiez égoïstes et vous avez divorcé des milliers de fois sans jamais penser à ce que cela représentait pour nous.

Vous vouliez avoir une carrière et faire de l'argent. Alors vous avez déménagé à l'endroit où se trouvaient les meilleurs emplois et n'avez jamais pensé à notre bien-être et notre stabilité.

Vous nous avez laissé seuls devant la télévision, où tous les jours on nous présentait une vie parfaite. Emplis de rage, nous avons comparé notre triste réalité avec les mondes de fantasme dans lesquels nous nous submergions.

*

Un profond ressentiment perpétuel se cache en nous, car nous savons dans nos cœurs que nous avons été trahis et privés de ce qui est le plus important. Nous ne pouvons mettre des mots sur ce sentiment, mais nous nous défoulons sur vous.

Vous nous accusez souvent d'agir de façon irrationnelle—c'est une accusation justifiée, car nous n'agissons pas rationnellement, logiquement ou de façon sensée.

Nous sommes la génération du cœur et des sentiments, et nos actions sont déterminées uniquement par un désir profond pour le refuge que vous auriez dû nous fournir.

Les idéaux de la télévision sont devenus *nos* idéaux. Nous les avons faits nôtres et nous rêvons tous d'une famille modèle. C'est de cette famille dont vous vous êtes débarrassés parce qu'elle était devenue inutile et ringarde. Nous, nous ne voulons rien de plus.

Personne ne nous a montré comment bâtir une famille ou comment rester ensemble ou résoudre un conflit. Nous avons échoué des milliers de fois en tentant de réaliser notre idéal.

Etant donné que vous avez réduit l'économie en miettes, nous devons être « flexibles » et chercher un emploi peu importe où nous en trouverons ; cela nous empêche de réaliser nos rêves.

Pour payer vos pensions, nous devrons travailler plus que toute autre génération avant nous ; nous savons qu'en plus de tout, vous nous déroberez notre futur bien-être.

Vous faites des pieds et des mains pour remettre de la vie dans votre économie mourante et pour éviter de rembourser vos dettes, pour que vos pensions continuent.

Mais notre rêve reste celui d'une famille et d'un futur heureux. Peu importe le nombre d'embûches que vous mettrez sur notre chemin, nous n'abandonnerons pas ce rêve.

Parce que nous sommes la génération identitaire.

# 6.

## SUR LES SEXES

De toutes les batailles que vous avez menées, votre guerre contre les sexes fut la plus répréhensible.

Au lieu de l'harmonieuse union de l'homme et de la femme, vous avez promu les alliances des gays et des travestis, l'union du néant.

Vous avez éradiqué la virilité de l'homme. Vous l'avez élevé pour être un faible ourson en peluche sans le pouvoir d'agir, sans le courage et sans la force — bref, sans la volonté de pouvoir.

Vous avez convaincu la femme que la féminité était rétrograde et n'était qu'une convention sociale. Vous lui avez dit qu'il n'était pas nécessaire d'être belle, en santé ou d'avoir une famille et des enfants, que seule sa carrière comptait.

Alors quand l'homme féminisé rencontra la femme masculinisée, ils ne surent pas quoi faire.

Nous ne répéterons pas vos erreurs. Nous secouons la tête devant vos théories idiotes et voulons être des hommes masculins et des femmes féminines. Ça peut vous sembler vieux jeu et dépassé, mais c'est ce que nous aimons.

La femme *veut* être conquise. Le désir pour quelqu'un qui saura la conquérir et en faire sa femme est profondément ancré.

Au lieu de chevaliers héroïques, vous lui avez envoyé « des bons amis » et de faibles lâches.

L'homme *veut* conquérir une femme qui vaut les efforts et les épreuves qu'il doit endurer, pour qui sauter à travers le feu et combattre un dragon en vaut la chandelle.

Aujourd'hui, au lieu de belles princesses, seule une féministe menaçante ou une mangeuse d'hommes attend le héros.

Nous avons reconnu la vraie nature des sexes et nous voulons vivre en harmonie avec cette nature. Nous voulons être de vrais hommes et de vraies femmes.

Parce que nous sommes la génération identitaire.

# 7.

## SUR LES BÉBÉS À NAITRE

Il est temps de donner une voix à ceux qui n'en ont pas. Qu'est-ce que ceux qui n'ont jamais prononcé un mot vous auraient dit ? Que pensent-ils, ceux qui n'ont jamais eu la chance de penser ?

Peut-être pouvez-vous déjà imaginer de qui je parle. Je parle des bébés à naître, ceux qui n'étaient pas voulus et qui furent assassinés. Je parle des frères et sœurs qui devraient être à nos côtés. Nos frères et nos sœurs morts avant leur naissance.

*

Nous sommes la trop peu nombreuse génération des enfants uniques. C'est la source de notre solitude. Vous avez assassiné nos frères et sœurs.

Vous avez commis des meurtres par millions et vous avez couverts ces crimes avec des euphémismes comme « l'émancipation sexuelle » et « la planification familiale ». Ce que vous appelez avortement, nous l'appelons meurtre.

Votre égoïsme et votre impertinence n'ont connu aucune limite. Vous croyiez vraiment pouvoir devenir les juges de la vie et de la mort.

Ainsi allait votre « loi » et si avoir un enfant vous causait problème à un moment, vous le tuiez. De cette façon, vous avez dérobé la vie d'un nombre incalculable d'enfants pour pouvoir vivre la vôtre de façon plus plaisante.

Mais qu'est-ce qui pourrait être un crime pire que le meurtre d'un bébé à naître ?

*

Nous pleurons nos frères et nos sœurs morts. Ils nous manquent, même si nous ne les avons jamais rencontrés. Nous les appelons : « *Frères et sœurs ! Notre chère famille assassinée ! Pardonnez à vos meurtriers, car ils ne savent pas ce qu'ils font.* »

Mais nous savons ce que nous faisons. Nous sommes ceux qui ont survécu à votre élimination et nous combattons pour la vie des enfants futurs.

Nous mettrons fin à votre massacre.

Parce que nous sommes la génération identitaire.

# 8.

## SUR L'ÉCONOMIE

Malgré tous vos échecs, on aurait pu souhaiter qu'au moins, vous auriez le contrôle de l'économie. La croissance perpétuelle et la richesse n'étaient-elles pas ce que vous recherchiez ? Ne vouliez-vous pas atteindre la plus grande prospérité possible ? Et vous avez réduit l'économie en cendres. Et vous nous l'avez laissé pour qu'on puisse essayer d'assembler les débris et la rapiécer.

\*

Dans tous les domaines, vous étiez avides et exorbitants. L'appât du gain et l'indulgence influencèrent votre « planification économique ».

Un taux de chômage bas, des taxes peu élevées et une sécurité sociale maximale ; vous avez vraiment profité d'une vie d'excès. La moitié de ce que vous avez dépensé provient de ce que vous avez gagné, le reste provient de détournements.

Pour maintenir votre niveau de vie, vous avez augmenté vos dettes, année après année.

Vous notez les dettes qui s'accumulent, mais ne faites rien ; ça ne vous affecte pas le moins du monde.

Bien sûr, vous vous en êtes toujours plaint, mais vous n'avez rien fait pour que ça cesse.

C'est parce que ce n'est pas vraiment votre problème. Vous avez toujours su que quelqu'un d'autre devrait payer vos dettes. Que nous aurions à les payer.

Mais un jour, les dettes sont devenues si énormes que votre banque ne vous prêtait plus. Alors vous avez appelé à l'aide, sachant que l'économie s'effondrerait sans nouvelle entrée d'argent. Le chômage augmenta, mais vous n'étiez pas ceux qui en payeraient le prix. Nous, oui. La jeune génération qui ne peut se trouver d'emploi. Nous sommes ceux qui doivent se sacrifier pour payer votre montagne de dettes.

*

Vous pouviez terminer vos études avec la certitude que, diplôme en main, vous ne manqueriez jamais de travail. Nous avons deux diplômes et nous nous considérons chanceux si nous trouvons un emploi temporaire.

Encore une fois, nous payons pour vos erreurs.

Vous croyiez au progrès, que votre richesse ne cesserait jamais de croître. Nous célébrons chaque journée où nous ne nous sommes pas appauvris.

Les économies de l'Europe et de l'Amérique sont en déclin et nous ne croyons pas qu'elles s'en remettront. Pour vous, la crise c'est l'exception. Pour nous, c'est la règle.

Nous sommes sans emploi, sous-payés ou travaillons des semaines de 60 heures. Nous sommes les victimes de vos politiques d'endettement.

Parce que nous sommes la génération identitaire.

# 9.

## SUR LA PENSÉE CRITIQUE

Si vous nous avez appris une chose, c'est que nous ne devions, ni ne pouvions croire en quoi que ce soit. Nous avons appris cette leçon beaucoup mieux que vous le réalisez.

Tout remettre en question, tout critiquer et douter de tout, nous avez-vous dit. Et quand vous disiez « tout », vous vouliez surtout dire les vieilles valeurs de la famille, de la tradition et de la patrie.

Nous avons suivi votre enseignement et avons tout questionné, tout critiqué et nous avons douté de tout. Mais quand nous disons « tout », il s'agit vraiment de tout. A commencer par vous.

Pensiez-vous vraiment que la génération que vous éleviez dans un doute absolu suivrait votre voie ? Croyiez-vous réellement que nous accepterions votre critique des valeurs sans la critiquer elle aussi ? Pensiez-vous sincèrement que nous continuerions votre travail de destruction simplement parce que vous nous avez dit comment faire ? Alors vous ne connaissez pas vos propres enfants !

Les esprits critiques parmi nous furent les premiers à voir au travers votre écran de fumée. Nous avons écouté avec scepticisme vos phrases creuses à propos de la tolérance et de l'émancipation, mais nous n'avons pas été aveuglé par votre pensée magique. Notre regard perçant a traversé la brume obscure de votre confusion mentale et nous avons vu les choses telles qu'elles sont.

Nous regardons vos idées mortes et vos hallucinations ridicules agoniser sur le sol, cherchant à reprendre leur souffle, attendant que quelqu'un leur assène le coup final.

Nous sommes heureux de réaliser cette tâche et de finalement amener la paix ; à vous également.

Nous vous transporterons et vous déposerons pour le repos éternel ; dormez, chers parents. Arrêtez d'essayer d'influencer la politique. Arrêtez d'essayer de conformer la réalité à vos rêves. Reposez-vous, vous en avez vraiment fait assez.

Ne vous en faites pas. Sachez que le monde est entre de bonnes mains. Nous détruirons les monstres que vous avez créés. Nous ferons pousser des fruits sur les terres que vous avez asséchées. Nous rebâtirons la société que vous avez détruite en voulant la libérer.

Reposez-vous. Laissez la tâche de reformer l'Europe à ceux qui y connaissent quelque chose. Laissez-nous faire.

Abandonnez et laissez-nous la place.

Parce que nous sommes la génération identitaire.

# 10.
## SUR L'ÉCOLOGIE

Vous avez souvent dit et répété que nous devons combattre la destruction de notre planète et de la forêt amazonienne, contre les changements climatiques et contre l'énergie nucléaire.

Vous avez fait de grands discours et vous vous êtes sentis importants. Vous avez dit et annoncé tout ce qui est inimaginable, mais vous n'avez jamais protégé l'environnement.

On doit se demander : pourquoi avez-vous échoué ? Est-ce que toutes vos paroles et intentions furent vaines ?

C'est la même chose avec tout ce que vous faites. Vous *vouliez* créer une société multiculturelle qui fonctionne, mais vous ne le pouviez pas, car votre objectif était irréalisable. Et même si le but d'un monde acceptable est réaliste, votre chemin pour y parvenir ne l'est pas.

Croyiez-vous vraiment que vous pourriez sauver l'environnement en vous enchaînant à des arbres ? En quoi des manifestations en Europe aident *réellement* la forêt amazonienne ?

Vous n'avez jamais pensé aux résultats de vos actions. Vous vouliez simplement apaiser votre conscience et jouer aux rebelles. Une vraie solution pour notre planète aurait naturellement nécessité des plans minutieux bien élaborés et des stratégies concrètes.

Mais ça aurait été trop éreintant pour vous. Vous préfériez blâmer la politique et l'économie pour votre négligence évidente. Ainsi, vous n'avez jamais pensé à prendre des moyens réalistes et vous avez laissé la protection de notre planète aux rêveurs et aux escrocs les moins efficaces. Les Verts, le plus gros paquet de cinglés de votre génération, furent les seuls qui combattirent réellement pour la sauvegarde de notre planète.

Par contre, avec leur comportement répréhensible, en s'associant à la drogue et autres, ils ont discrédité ce combat.

La protection environnementale est trop importante pour être laissée à des fantaisistes, mais vous avez tout de même laissé les pires d'entre eux se saisir du débat.

Alors le combat pour la Terre s'est retrouvé sans organisation ou structure claire, sans aucun des ingrédients essentiels au succès.

\*

Ici encore vous avez échoué dans un domaine crucial. N'avez-vous rien fait de bien ? Regardez-nous et apprenez comment on protège réellement l'environnement, sans grosses manifestations ou sans faire exploser des usines. En fait, la vraie protection environnementale n'empêche personne de prendre sa douche.

Déterminés et sérieux, nous sauverons la planète.

Parce que nous sommes la génération identitaire.

# 11.

## SUR LA SOCIÉTÉ MULTICULTURELLE

Toutes les choses terrestres sont perçues différemment selon les observateurs. Les attentes et les espoirs de l'observateur altèrent et voilent sa perception. Nos expériences antérieures affectent notre vision du monde et pour parler de vous, les idéologies, hallucinations et autres fantasmes ont noirci votre vision de la vraie nature des choses.

Il se peut que deux personnes voient la même chose de façon totalement différente en raison de leurs propres expériences et de leurs notions préétablies.

Il se peut aussi bien que deux générations voient les mêmes choses de façon complètement opposées.

C'est ce qui se passe entre vous et nous en ce qui a trait à la société multiculturelle.

*

Il y a de cela des décennies, vous brandissiez la flamme du multiculturalisme et vouliez l'implanter à tout prix. Mais qu'est-ce que le multiculturalisme pour vous ? Rien de plus que de manger de la pizza et des kebabs dans un restaurant turc. En dehors de ça, vous ne vivez pas la société multiculturelle. Et parce que vous aimez manger de la nourriture turque et ne comprenez pas trop ce qui est en train de se passer, c'est facile pour vous de condamner ce que l'on dit comme étant des « préjugés ». Dans votre perception, le multiculturalisme fonctionne très bien.

Mais vos enfants voient les choses un peu différemment. Nous allons en classe avec 80% ou plus d'étudiants nés à l'étranger. Des Turcs adeptes de la lame, des Africains vendeurs de drogue et des musulmans fanatiques. Vos clichés sont notre quotidien.

C'est pour ça que nous haïssons votre grand rêve d'une société multiculturelle. Que connaissez-vous de cette société ? Rien.

Alors cessez de nous faire des remontrances. Arrêtez de nous convaincre que nous sommes des méchants racistes simplement parce que votre utopie nous dégoûte.

Ne nous ramenez pas la Seconde Guerre mondiale et Hitler lorsqu'on parle de Mohammed le Conquérant et Mustafa. Et ne nous dites pas que les étrangers sont exactement pareils que nous, quand nous voyons bien dans notre quotidien qu'ils ne le sont pas.

*

Nous sommes plus limités en droits qu'ils ne le sont. Nous ne voulons pas que Mohammed et Mustafa deviennent des Européens. Nous ne voulons pas que les immigrants nous dérobent de notre identité et abandonnent la leur.

Ils devraient conserver leur identité et nous laisser avoir la nôtre. Nous ne voulons rien de plus que ce qui est évident : l'Europe appartient seulement aux Européens. Nous sommes les légitimes héritiers de ce continent et nous n'abandonnerons pas notre héritage.

Parce que nous sommes la génération identitaire.

# 12.

## SUR L'UNIVERSALISME

Vous demandez-vous parfois ce que la postérité pensera de vous ? Si des statues seront bâties pour commémorer votre brillant exemple ? Comment vos actions et réalisations seront perçues ？
Certainement pas. Si vous aviez ne serait-ce qu'une fois songé à la façon dont la postérité vous jugera, si vous vous étiez arrêté brièvement et aviez réfléchi au futur, il vous aurait paru évident que vos enfants et petits-enfants prononceraient un jour vos noms avec dégoût. Ils ne continueront pas votre travail de destruction.

*

Mais ne vous inquiétez pas. Vous n'avez pas besoin d'attendre le futur pour trouver des gens qui vous détestent de façon légitime. Vous n'avez même pas besoin de parler à vos enfants. Vous n'avez qu'à quitter l'Occident et visiter le reste du monde.
Au-delà de vos sociétés émancipées, il y a encore d'autres cultures et d'autres peuples. Ils observent avec dédain vos utopies.
Pouvez-vous imaginer une telle chose ? Pouvez-vous imaginer l'idée que certaines sociétés ne souhaitent pas que vous les libériez ?
*Comment cela se pourrait-il ?* Vous avez apporté avec vous toutes les merveilles de la civilisation occidentale ! Avec le capitalisme, la démocratie et les droits de l'homme dans votre valise, vous vous êtes lancés dans votre tournée de libération.
Devenant curieux, vous avez interrogé les membres des autres peuples à propos de leurs cultures. Mais aussitôt qu'ils

commençaient à vous répondre, vous les interrompiez et leur expliquiez comment ils pourraient améliorer leurs cultures et devenir un peu plus comme vous.

Nous haïssons avec passion votre xénophilie hypocrite. Vous tendez à ces cultures une main en signe de paix et dans l'autre vous tenez un poignard. Et vous continuez de croire que vous faites le bien.

*

Le reste du monde vous déteste. Avez-vous la moindre idée pourquoi ? Avez-vous idée de la raison pour laquelle le reste du monde vous regarde avec autant d'hostilité ? Pas parce que vous les exploitez ou les dominez militairement. Cela fait partie du grand jeu éternel des peuples, jeu dans lequel tout le monde cherche à avoir l'avantage. Non, le monde vous hait à cause de votre hypocrisie.

Même les plus grands impérialistes de l'histoire ne furent pas aussi arrogants que vous. Les impérialistes ont peut-être pillé et asservi le monde, mais au moins ils n'ont jamais eu la prétention d'être les bons, ceux qui amènent la paix et la liberté. Ils recherchaient le profit et l'admettaient ouvertement.

Mais vous souhaitez sauver le monde. Amener le capitalisme, la démocratie et les droits de l'homme au monde entier. Vous tentez de moderniser le monde et d'imposer votre fausse modernité et vos notions arrogantes de progrès à tous ceux que vous rencontrez. Rien n'insulte et n'offense plus les anciennes cultures d'Inde, de Chine, de Russie, de Perse et de nombreuses autres nations que vos croisades pour leur enseigner et les « améliorer ».

*

Vous avez enterré la culture européenne et maintenant vous souhaitez éliminer toutes les autres. Le monde ne vous pardonnera jamais pour cette arrogance.

Nous, vos enfants, pouvons très bien concevoir leur haine. Qui sait mieux que nous comment on se sent lorsque vous traitez quelqu'un avec condescendance ? Nous comprenons le sentiment d'être déraciné et lancé à la dérive. Alors nous comprenons les peuples qui vous détestent et rejettent votre « progrès ».

Parce que nous sommes la génération identitaire.

# 13.

## SUR LA DÉMOCRATIE

En surface, il semble qu'il y ait au moins une cause commune défendue par nos deux générations. Nous semblons d'accord sur un point : notre dévouement passionné pour le principe de gouvernance par le peuple, soit la démocratie.

Ceci étant dit, nous ne sommes d'accord que sur un mot. Car il devient rapidement très clair que nous avons des perceptions totalement différentes du terme démocratie.

Quand nous pensons à la démocratie, l'image d'Athènes et le droit de participer aux décisions de la communauté nous viennent en tête. Nous croyons fermement que le peuple a le droit de participer à la prise de ces décisions, et qu'elles doivent être prises avec son accord.

La démocratie directe et les référendums sont notre idéal. Quand nous parlons de démocratie, nous voulons *réellement* dire démocratie.

*

*Par contre, votre* compréhension de la démocratie est aussi hypocrite que tout ce qui vous concerne. Evidemment, vous dites croire au principe de gouvernance du peuple et vous croyez être de bons citoyens démocratiques. Dans les faits, malheureusement, vos paroles sont vides et dénuées de tout contenu.

Vous refusez que le peuple vote sur les enjeux qui sont réellement importants. Vous avez peur de la « stupidité » du peuple et du « populisme » comme vous dites, qui sont en fait les idées qui ne sont pas les vôtres. Le peuple ne saurait supposément rien sur les questions essentielles. Nous disons de notre côté que le peuple peut porter un jugement en ce qui concerne les enjeux cruciaux. Ce jugement est mille fois meilleur que celui de vos représentants élus qui vivent dans leur bulle idéologique.

\*

Pourquoi avez-vous peur du peuple ? Pourquoi tremblez-vous de terreur à l'idée d'un référendum populaire ? Peut-être parce que vous savez qu'une majorité d'Européens ne partage pas vos opinions ? Ou serait-ce parce que vous savez qu'ils détruiront votre stratégie politique et la regarderont joyeusement disparaître dans les flammes ?

Vous vous êtes toujours confinés aux universités et à l'élite culturelle et intellectuelle de la nation. En utilisant cette élite, vous vouliez implanter vos plans psychotiques — le peuple ne fut toujours qu'un obstacle de taille.

Mais, contrairement à vous, nous avons confiance en les Européens. Même s'ils ne partagent pas notre opinion sur tous les points, nous savons que nous pouvons les convaincre et les rallier à notre cause.

Nous venons du peuple et combattons pour le peuple et son droit de choisir sa propre destinée politique. Nous exigeons une vraie démocratie. Nous n'avons pas peur de la volonté des Européens.

Parce que nous sommes la génération identitaire.

# 14.

## SUR LA DIVERSITÉ

Colorés, divers, hétérogènes ; vous aimez vraiment vous présenter comme des défenseurs de la diversité. Vous tolérez toutes les perversions et pensez que, de cette façon, vous rendez service à la diversité. Encore une fois, vous avez tort.

Une image n'offre pas de contrastes vivides si on mélange toutes les couleurs ensemble, mais lorsqu'on peint chaque couleur à son endroit respectif.

Une diversité à grande échelle requière de l'homogénéité à petite échelle.

\*

Vous ne pouvez comprendre cela. Vous voyez une métropole multiculturelle et vous voulez que toutes les villes deviennent comme elle. Vous parlez de diversité, mais vous voulez que tout le monde devienne pareil.

N'est-ce pas ce que vous nous prêchez quotidiennement ?

Il ne doit y avoir qu'*un* marché, dites-vous. *Une* bonne forme de gouvernement. Vous voulez implanter *une* formulation des droits de l'homme qui devrait s'appliquer à *tous*. Nous vivons tous dans *un* monde. Ce sont vos slogans. Alors comment se fait-il que vous osiez affirmer défendre la diversité alors que vous la haïssez du plus profond de votre être ?

\*

Nous ne souhaitons pas voir un modèle unique de ville se répandre à travers le monde. Nous voulons voyager dans d'autres pays et découvrir des cultures totalement *différentes*, et non des avant-postes d'une métropole mondialisée universelle.

Nous voulons revenir chez nous, dans notre propre culture, où nous nous sentons en harmonie avec nous-mêmes, et non dans une colonie sortie tout droit du moule de la conformité d'un empire de multiculture.

\*

Contre votre credo du multiculturalisme, nous brandissons le principe d'ethnopluralisme. Plutôt que de mélanger et de standardiser, nous voulons préserver les différences. Nous voulons des peuples, des cultures et des traditions différentes. La nôtre inclusivement !

Nous voulons que le monde reste une mosaïque colorée, vibrante et enchanteresse ; nous ne voulons pas d'un écran de projection gris mat. Nous sommes les réels défenseurs de la diversité, ses vrais guérilleros.

Parce que nous sommes la génération identitaire.

# 15.

## SUR LE NATIONAL-SOCIALISME

A plusieurs égards, nous n'avons pas été tendres avec vous. Nous avons critiqué sans pitié vos échecs, même si nous comprenons pourquoi vous avez fait ces erreurs en premier lieu.

Nous savons ce qui a fait germé dans votre esprit ces hypothèses débiles d'une société multiculturelle, émancipée et sans genre. C'était le national-socialisme.

\*

Vous êtes nés après la guerre. Vous avez vu les débris de la destruction et avez entendu les histoires directement de vos parents. L'horreur et la dévastation laissées derrière par le régime des nationaux-socialistes ont marqué de façon permanente votre esprit.

Alors, vous avez voulu faire l'opposé de ce que les Nazis ont fait et ce, dans tous les domaines. Où les Nazis disaient oui, vous avez dit non de façon automatique sans même réfléchir à la question.

\*

Le national-socialisme a dicté toute votre pensée. Personne n'a eu un aussi grand impact sur votre vision du monde qu'Adolf Hitler.

Le nazisme était raciste, alors vous avez voulu être « antiraciste ». Le nazisme était nationaliste ? Naturellement, vous êtes devenus internationalistes. Il était militariste, fasciste et impérialiste, alors vous êtes devenus antimilitaristes, antifascistes et anti-impérialistes.

Puisque le nazisme a fait la promotion de la famille traditionnelle, vous deviez également la condamner.

De cette façon, Adolf Hitler est devenu votre plus grand modèle.

Vos efforts pour rejeter l'idéologie extrémiste du national-socialisme vous a amené à créer votre propre idéologie extrémiste. Croyant fanatiquement que vous faisiez la bonne chose, vous commenciez à dévaster l'Europe.

\*

Nous, par contre, avons une plus grande liberté intellectuelle que vous. Nous sommes la première génération après 1933 à avoir réellement surmonté le national-socialisme. Nous ne nous définissions pas en fonction de lui, que ce soit en sa faveur ou en opposition. Nous rejetons son idéologie et son hostilité envers la liberté et la diversité des peuples, autant que nous rejetons la vôtre.

Qu'est-ce que la Seconde Guerre mondiale signifie pour nous ? Nous avons appris de son histoire que les Européens ne devraient plus se battre les uns contre les autres en raison de désaccords insignifiants. Nous avons également appris que nous, Européens, ne devrions pas nous haïr pour des raisons tout aussi insignifiantes.

Nous ne condamnons pas et ne diabolisons pas. Vous n'avez pas réussi à apprendre du « Troisième Reich » et vous êtes devenus aussi extrémistes que les nationaux-socialistes. Contrairement à vous, nous pouvons dire avec raison que nous avons surmonté le national-socialisme. Nous écartons cette idéologie ainsi que vos idées malades et les envoyons où elles devraient être : dans les poubelles de l'histoire.

Parce que nous sommes la génération identitaire.

# 16.

## SUR LA FIN DU MONDE

Récemment, vos craintes concernant la fin du monde ont été considérables. Même si vous ne croyez pas aux vieilles inscriptions mayas, vous tremblez de peur en y pensant. Avez-vous peur de la mort ? Est-ce que l'idée selon laquelle des volcans émergeraient de la terre et que la lave engloutirait vos cités vous apeure ?

Idiots ! Vous êtes déjà au milieu de la fin !

Vos ternes dispositions, aplanies par les films d'Hollywood, vous rendent aveugle à tout ce qui ne vous explose pas au visage.

Vous n'avez pas besoin d'étudier les prophéties mayas pour voir la fin arriver. Vous n'avez seulement qu'à ouvrir les yeux.

Notre Terre est mourante ; elle saigne d'un million de blessures. Chaque jour, des bulldozers et des pelles mécaniques transforment notre planète colorée, morceau par morceau, en un désert sans vie. Regardez la forêt amazonienne et les océans, recherchez les puits de pétrole et les plateformes pétrolières et vous trouverez la mort.

Vous avez tout pris, tout pillé ce qui avait de la valeur ; vous n'avez aucun scrupule à tuer notre mère à tous.

Mais au fond de vous, vous imaginez sûrement que vos pêchés vous rattraperont, que vous avez agi avec trop d'avidité et sans modération. Vous êtes friands de films parlant de catastrophes et de destruction, car vous savez qu'un jour, la nature aura sa revanche. Et cela pourrait arriver simplement parce qu'un jour, son butin pourrait ne plus être là.

Peut-être alors comprendrez-vous que tout n'est pas sans valeur. Qu'il est sensé de penser au futur. Que l'humanité préfèrerait peut-être vivre de façon un peu moins extravagante afin de vivre mille fois plus longtemps.

Regardez les images de notre planète en ruine et demandez-vous si cela en valait vraiment la peine.

*

Mais ne vous inquiétez pas : vous n'aurez pas à vivre les conséquences réelles et finales de votre rage destructrice. Cela fera longtemps que vous ne serez plus là et ce sera à nous d'entamer un nouveau chemin. Nous laisserons votre autoroute de destruction et vivrons en harmonie avec la nature. Peut-être pas de façon aussi riche et luxueuse que vous, mais tout de même plus heureuse.

Parce que nous sommes la génération identitaire.

# 17.

## SUR LES AFFAIRES ÉTRANGÈRES

Dans vos textes et discours, vous annoncez toujours de grandes choses et des actions glorieuses, mais vous ne les réalisez jamais. Si, dans la théorie, vous étiez des héros, la praxis vous montrait toujours avec la tête bien enfoncée dans le sol.

C'est surtout le cas quand il est question des affaires étrangères de l'Union européenne. Quand nous avions besoin d'hommes braves et forts, vous avez agi comme des grandes gueules et des lâches. Pendant des décennies, vous avez permis que l'Europe soit le laquais de l'Amérique.

En tant que servants, vous avez toujours accouru lorsque l'on sonnait la cloche.

Bien sûr, vous l'avez fait à contrecœur, mais vous l'avez tout de même fait. Il ne vous est jamais venu à l'esprit que vous pourriez élaborer votre propre programme politique.

\*

Pour vous, cette façon de faire n'était pas une mauvaise chose. Les armées américaines défendaient l'Europe et attaquaient tous ceux qui la menaçaient, ou ceux que les Américains accusaient d'agir comme tel.

Vous pouviez rester là sans broncher et pointer du doigt les Américains, tout en étant bien heureux qu'ils combattent à votre place. Malgré votre rejet hypocrite des Américains, vous avez continué votre alliance avec eux.

Ce qu'ils exigeaient en retour, soit la participation des soldats européens pour leurs croisades, vous semblait être un prix raisonnable à payer. C'est de cette façon que les fils d'Europe moururent dans des contrées où ils n'auraient jamais dû aller en premier lieu.

*

Mais les temps changent et l'Amérique se concentre maintenant sur le théâtre du Pacifique, où il commence à défier son nouveau compétiteur, la Chine.

Les grandes batailles de notre époque seront combattues en Europe et dans l'immense océan Pacifique, où ces deux titans se rencontreront.

Les Américains s'éloignent progressivement de l'Europe, car leur pouvoir n'est pas suffisant pour dominer le monde entier.

« *Défendez-vous !* » nous crient-ils en nous laissant seuls.

*

Nous sommes donc face à un défi trop grand pour nous. Si l'Europe est menacée dans le futur, elle devra se défendre elle-même.

Pouvez-vous encore combattre, pouvez-vous tuer s'il le faut ? Savez-vous au moins comment vous défendre ?

Non, vous ne le savez pas, parce que vous préféreriez mener l'Europe à sa chute plutôt que de vous résigner à la défendre.

Mais nous savons ce que nous avons à faire. Nous sommes prêts à défendre notre continent en temps de crise.

Nous voilà face à des tâches colossales. L'OTAN a passé sa date de péremption.

À l'avenir, l'Amérique ne nous aidera pas et nous, les identitaires européens, ne sommes pas intéressés à combattre pour les guerres américaines. C'est donc à nous de trouver une nouvelle voie.

L'Europe a besoin de sa propre armée. Une force de combat organisée dont le but n'est pas l'invasion d'autres contrées, mais la protection de la neutralité européenne à l'échelle globale.

Ce que la Suisse est à l'Europe, l'Europe doit le devenir pour le monde. Une région forte et indépendante qui n'attaque personne, mais que personne n'ose attaquer.

*

Vous vous êtes laissés utiliser par les Etats-Unis et en agissant ainsi, vous avez agi comme des prostituées. Confiants et braves, nous déclarerons au monde : « *Aucun Européen ne mourra dans une nation étrangère et aucun ennemi ne peut espérer conquérir l'Europe.* »
C'est notre message au reste du monde.
Parce que nous sommes la génération identitaire.

# 18.

## SUR L'UNION EUROPÉENNE

Une Europe unie. C'est ce dont tous les Européens ont besoin et souhaitent. Ne nous entretuons plus jamais. Nous ne devons en aucune façon retomber dans la soif de sang qui a poussé notre continent dans le précipice de la destruction totale.

Nous sommes tous d'accord sur ce point. Mais comme dans toute chose, vous avez échoué dans l'unification de l'Europe.

Vous n'avez aucunement démontré de vision à long terme lorsque vous avez organisé ce continent politiquement et votre stratégie resta incomplète. Un travail à moitié fait, sans vision, sans passion.

Comme vous n'aviez pas de plan ou de volonté pour un grand changement politique, le monde de la finance et des affaires prit le contrôle de ce projet de construction d'une Europe unie.

Mais quand la finance s'implique en politique, le résultat est rarement bon et ce, même dans le secteur économique.

Néanmoins, vous avez permis aux intérêts à court terme de certains de primer sur les intérêts à long terme collectifs. Les groupes de lobbying et les firmes internationales tirèrent les ficelles et construisirent ce qui est maintenant appelé l'Union européenne.

C'est une organisation qui n'est aucunement démocratique. Elle n'a aucune unité et ses décisions ne font pas l'unanimité. C'est la loi du lobbying dans sa forme la plus pure.

\*

La construction de l'Europe serait facile si on avait le courage de planifier les choses du début à la fin. Il est évident que vous n'avez pas ce courage.

Nous voulons donc vous dire que les possibilités vous étaient infinies depuis le début. Vous auriez pu prendre une de ces voies :
Vous auriez pu préserver le droit des États-nations européens de conserver leur souveraineté et de créer un marché européen commun et une alliance européenne sans régulations européennes, sans devise commune et sans Parlement européen. Bref, vous auriez pu créer une Europe unie composée de patries libres.

L'autre possibilité aurait été la création d'un État européen. Des partis et des élections paneuropéennes, ainsi qu'un gouvernement réellement européen. Donc, en d'autres mots, un État central puissant, efficace et centralisé.

C'étaient vos deux options, chacune ayant ses avantages et ses inconvénients.

Vous avez réussi à combiner le pire de ces deux options.

Vous avez dépouillé les États-nations de leurs pouvoirs souverains sans transférer ces pouvoirs au niveau européen.

Alors les États-nations ne peuvent prendre de décisions sur certains sujets que l'Union européenne ne peut pas non plus aborder, parce qu'elle peut uniquement agir sous le consentement de tous ses États membres.

Ni une confédération d'États, ni un État centralisé, l'Union européenne est un projet raté qui s'effondrera *assurément* lorsqu'il sera confronté à son premier défi moindrement sérieux.

\*

C'est à nous de construire une nouvelle Europe intègre sur les débris de cette crise. Une Europe qui décide ce qu'elle veut et qui n'est pas l'outil incompétent des corporations.

Nous voulons construire l'Europe que mérite notre glorieux continent. Votre Union est une insulte pour nous.

Parce que nous sommes la génération identitaire.

# 19.

## SUR LA MORT

Il fut un temps où les humains croyaient qu'ils étaient comme les feuilles d'un arbre : des feuilles qui grandissaient, resplendissaient et, un jour, se flétrissaient, tombaient au sol et nourrissaient alors l'arbre.
L'humanité croyait qu'elle faisait partie d'un tout, telle une branche dans l'arbre du monde. Une partie intégrale de l'Etre éternel et du Devenir.
Les peuples du monde inventèrent les religions, les dieux et les philosophies les plus variés pour exprimer cette ancienne croyance.
Vous avez été les premiers à rejeter l'idée que nous faisions partie d'un tout.
Cette théorie ne vous semblait pas nécessaire. Qui plus est, elle ne coïncidait pas avec votre concept d'individu qui s'autodétermine.
Alors vous avez passé votre vie à ne pas vous préoccuper des autres.
Et vraiment, vous saviez comment vivre ! Aucune génération avant la vôtre n'avait goûté aux plaisirs de la vie comme vous l'avez fait.
Mais, puissants héros du plaisir et de l'excès, savez-vous comment mourir ? Pouvez-vous vous préparer à la fin ? Que ressentirez-vous lorsque les mains froides de la mort se tendront vers vous ?

\*

Nous sommes certains que vous ne comprenez pas le sens de cette question. En réalité, on ne peut pas s'y attendre de votre part. Alors, nous voulons vous l'expliquer.

Quand on parle de mort, il n'y a que deux choses qui comptent. Premièrement : *comment* on meurt ? Et deuxièmement : *pour quoi?* Vous ne comprenez toujours pas la question ? Laissez-nous vous expliquer comme on le ferait avec des enfants.

On peut accepter la mort et la voir comme le commencement de la vie éternelle et donc se rendre joyeusement au tout. D'un autre côté, on peut retraiter misérablement, s'accrocher aux derniers vestiges de son existence et tenter de repousser longuement la triste fin.

Vous choisissez cette dernière option avec un esprit de vengeance.

Nous, contrairement à vous, voulons nous éviter ce triste spectacle. La façon dont vous vivez, de même que la façon dont vous mourrez, nous repousse.

C'était la question du « comment » ; maintenant nous voulons vous expliquer la question sur ce *pour quoi* on devrait mourir.

Mourir pour quelque chose. Nous pouvons constater à quel point cette question vous rend manifestement inconfortables. Rien ne pourrait vous sembler plus absurde, à vous qui croyez seulement en vos propres vies, que l'idée que vous devriez donner celle-ci *pour* quelque chose.

\*

Nous ne voulons pas prêcher un faux fatalisme. Ce n'est pas notre but de mourir aussitôt que possible, mais nous le ferions pour certaines causes si c'était nécessaire.

Mais pour quoi mourriez-vous ? Pour quoi sacrifieriez-vous votre vie ? Pouvez-vous répondre à cette question par vous-mêmes ? Pensez à ce qui suit :

Celui qui n'a aucune raison de mourir n'a aucune raison de vivre.

Nous ne souhaitons pas mourir, mais sommes prêts à le faire. Pour notre famille, notre pays, pour tout ce qui fait de nous ce que nous sommes, tout ce sans quoi nous ne serions plus nous-mêmes. Pour notre identité. De cette façon, nos vies ne sont pas vécues inutilement et vainement. En tant que parties du tout, nous rejoindrons ce tout une fois de plus.

Parce que nous sommes la génération identitaire.

# 20.

## SUR LA SEXUALITÉ

Honnêtement, il faut de l'audace pour aborder ce thème. Nous sommes couramment accusés, souvent à raison, d'être la génération de la sexualité débridée. La génération sans valeurs, principes ou relations significatives. Oui ! Toutes ces accusations sont justifiées. Mais elles ne représentent qu'un côté de la médaille et lorsqu'on y pense bien, celui qui accuse la jeunesse d'un manque d'inhibition sexuelle sans en souligner la cause n'a qu'une compréhension très partielle de la jeunesse et de la sexualité.

Nous rejetons la sexualité sans limite plus que toute autre génération. C'est parce que pour notre génération plus que pour toute autre dans l'histoire, c'est le vrai amour qui importe.

De toutes les choses que vous avez dévaluées et détruites, vous nous avez laissé l'amour. En fait, vous ne vous êtes jamais préoccupés de l'amour. Vous l'avez méprisé et commercialisé. Mais c'est précisément pour cette raison que vous ne l'avez jamais pris de front. L'amour est resté vivant.

Il est devenu notre dernier refuge.

Alors nous voici dans ce monde de solitude et de bonheur fugace ; nous avons besoin de la personne qui nous amènera un sentiment de sécurité. C'est notre plus grand but et notre plus grand bonheur que de trouver le vrai amour.

*

Mais notre sexualité est immorale, nous buvons beaucoup et nous nous contentons du deuxième meilleur. Personne n'en souffre plus que nous-mêmes.

Deux besoins font rage en nous : le besoin du vrai amour d'un côté et le désir animal sauvage de l'autre.

Seuls quelques chanceux parmi nous réussissent à fusionner ces deux forces fondamentales ensemble. Par contre, la grande majorité se retrouve dans un combat sans répit et sans pitié avec soi-même. Dans cette guerre, vous avez tiré le premier coup.

Les conséquences de votre « libération sexuelle » nous emprisonnent. C'est impossible pour nous de passer une seule journée sans être exposés à des hommes et des femmes à moitié nus. Les films, les annonces et les magazines manipulent consciemment le désir sexuel. Alors ce désir croît, souvent au détriment de notre amour. Lorsque c'est fini et que la nuit de débauche enivrée est derrière nous, nous regrettons ce que nous avons fait. Souvent, nous en sommes tristes.

*

Ce combat interne, que chacun de nous doit gagner pour soi-même, fait aussi partie de notre identité.

Mais nous sommes déterminés ; nous voulons le gagner ! Il y a une longue route jonchée d'obstacles devant nous, mais à la fin l'amour en nous triomphera du désir animal.

Parce que nous sommes la génération identitaire.

# 21.

## SUR LE RACISME

Vous pouvez vous réjouir, nous abordons maintenant un mot que vous aimez tant prononcer. Et nous aborderons aussi les gens que vous haïssez le plus. A propos du racisme et des racistes, vous répandez vous-même votre idéologie de la façon la plus raciste qui soit.

Vous ne souhaitez pas vraiment définir ce que le racisme est supposé être. Et pourquoi le feriez-vous ? S'il y avait une définition claire, vous ne pourriez pas accuser *chaque personne* que vous n'aimez pas d'être raciste.

*

Dans le passé, il y avait des gens qui s'identifiaient comme racistes et qui exigeaient la classification de l'humanité en fonction de certaines caractéristiques, comme la forme du nez et la couleur des yeux.

Aujourd'hui par contre, personne ne parle de telles choses, sauf peut-être vous.

Plus personne ne pense à la race, mais vous continuez votre chasse au racisme, comme si vous étiez possédés, et vous affirmez que le racisme se cache encore partout.

Nous rejetons tous le racisme. Personne, ni vous, ni nous, ne souhaite que les gens soient discriminés ou opprimés à cause de leur patrimoine génétique.

Nous nous limitions au rejet d'un tel racisme. Mais vous souhaitez qualifier tous vos opposants politiques, nous inclus, comme des racistes.

Notre affirmation claire de l'identité, de la culture et des traditions européennes, notre volonté de garder l'Europe vivante et notre détermination à ne pas être la dernière génération européenne sont des épines dans votre pied.

Vous tentez de vous venger en interprétant notre affirmation de la vie et de l'Europe comme du racisme.

\*

Mais est-ce que tous ceux qui croient qu'il existe différents peuples, différentes cultures et différentes identités — et que c'est *bien ainsi* ! — sont racistes ?

Nous ne laisserons pas cette étiquette nous être collée dessus !

Si vous diffamez chaque affirmation identitaire sous des accusations de racisme, alors nous sommes tous racistes, et dans ce cas tout le monde a toujours été raciste. Même vous ne faites pas exception à la règle.

Oui, nous pourrions même vous accuser de racisme. C'est la seule façon d'expliquer votre haine pathologique de l'Europe.

Nous, par contre, ne sommes pas racistes. Nous ne sommes pas aussi préoccupés par la race et par le racisme que vous. Nous faisons nos propres choix, empruntons notre propre voie sans porter attention à vos accusations infondées.

Parce que nous sommes la génération identitaire.

# 22.

## SUR LE NOUVEL AN

Bientôt les feux d'artifice illumineront les cieux avec des fontaines de lumière radieuses à travers le monde. Traçant leurs chemins ardents dans le ciel sombre, ils annoncent en grande pompe la nouvelle année.

Le Nouvel An sera célébré partout dans le monde et, à plusieurs endroits, il y a de bonnes raisons de le faire.

Les Chinois et les Indiens célèbrent la naissance de leurs nouvelles et puissantes économies. Le Nouvel An les rapproche d'un avenir doré que ces grandes civilisations ont bien mérité.

Les Américains célèbrent leur pouvoir mondial et espère le conserver encore longtemps.

Les Africains célèbrent leur futur, car pour eux, la nouvelle année ne peut qu'être meilleure que la dernière.

Le Moyen–Orient célèbre ses victoires et ses révolutions durement gagnées et espère davantage de victoires pour l'honneur et la gloire de son Dieu.

*

Mais qu'est-ce que les Européens devraient célébrer ? Quelle raison a l'Europe de célébrer son avenir ? Qu'est-ce que la nouvelle année pourrait apporter à notre continent malade et faible ?

Pourtant l'Europe fête, avec toute la couleur et les lumières du reste du monde.

Mais nos célébrations semblent fausses et fatiguées. Elles font penser à la fête d'anniversaire d'un vieil homme qui est simplement heureux d'avoir vécu une autre année, mais qui n'a plus de plans d'avenir.

L'Europe est malade. Empoisonnée par vous et vos idéologies, ses fonctions vitales s'estompent.

Quel futur une culture sans enfant devrait-elle célébrer ? Qu'est-ce que des gens qui sont minoritaires dans leurs propres pays peuvent célébrer ?

Et pourtant l'Europe célèbre. Tout brille et brûle et, alors, on réussit à s'imaginer, du moins cette journée, que notre continent a peut-être un futur après tout.

\*

Les Romains de l'Antiquité célébraient-ils la nouvelle année ? Bien sûr que oui !

Dans les derniers jours de l'Empire, alors qu'il n'y avait plus de gouvernement, que les peuples germaniques déferlaient et que le pouvoir de l'État n'était plus que du vent, les Romains buvaient leur vin, en levant leur verre au futur et à leur grande civilisation.

La capacité de fermer les yeux devant les réalités déplaisantes ne vous est pas unique.

Mais nous, nous ne fermons pas les yeux. Nous reconnaissons les problèmes et les menaces et faisons tout pour les contrer. Nous sommes en train de bâtir les fondations d'un avenir européen. Un jour, nous donnerons une nouvelle raison à l'Europe de saluer la nouvelle année. S'il y a une raison de se réjouir et de sourire à la pensée du Nouvel An, c'est nous.

Parce que nous sommes la génération identitaire.

# 23.

# SUR LE DÉCLIN ET LA CHUTE DE L'EMPIRE ROMAIN

Alors que les Visigoths traversaient le Danube en 376 et pénétraient les frontières de l'Empire romain d'Orient, l'empereur Valens était confronté à une décision cruciale. Ses généraux tentaient de le convaincre de rassembler l'armée et de repousser les Goths. De l'autre côté, ses conseillers politiques craignaient une longue et âpre guerre. D'après eux, les Goths n'étaient que des réfugiés inoffensifs poussés par les Huns. Ils convainquirent Valens qu'il devait faire preuve de compassion et leur donner des territoires dans l'Empire romain. L'Empire n'avait pas assez de soldats, alors il pouvait se révéler malicieux de faire des Visigoths ses alliés. Quoi de mal à les accueillir ? En une cinquantaine d'années, pensaient-ils, les Visigoths seraient devenus des Romains civilisés comme les autres. Seuls leur peau inhabituellement pâle et leurs cheveux blonds rappelleraient qu'ils venaient de l'extérieur.

Alors ils donnèrent des terres aux Visigoths. Plusieurs années passèrent et les Romains se félicitèrent de leur brillante solution au problème. Ils burent leur vin et laissèrent les Visigoths combattre pour eux.

Mais les Visigoths ne s'étaient pas intégrés du tout à la société romaine et étaient plutôt devenus un État dans l'État. Au cours des années suivantes, encore plus de peuplades germaniques traversèrent le Danube et se joignirent aux Visigoths. Le pouvoir de la tribu devint si grand qu'ils ne suivaient plus les ordres de l'empereur.

Lorsque l'empereur Valens reconnut que les Visigoths n'étaient plus sous son contrôle, il envoya son armée pour les mater. Mais ils étaient déjà trop nombreux. Les Romains sous-estimèrent la puissance des Visigoths et furent défaits.

Ensuite, fuyant les Huns, la tribu traversa l'Empire en pillant et massacrant. En 410, ils saccagèrent Rome et s'installèrent finalement en Gaule.

Les Huns étaient maintenant le problème des Romains de l'Occident. Après avoir retrouvé leurs forces et gagné une victoire contre les Goths, les Romains se demandèrent une fois de plus : devrions-nous continuer l'attaque et les renvoyer sur les terres germaniques ou nous allier avec eux ?

Craignant une longue guerre, les politiciens romains envoyèrent aux Goths d'immenses sommes d'or pour les convaincre de s'allier contre les Huns.

Lorsque l'Empire hunnique finit par s'écrouler après la mort d'Attila, le trésor romain était vide. La campagne avait été ravagée ou occupée par les Visigoths et les autres tribus germaniques.

Il n'y avait plus de fonds pour de nouveaux soldats et même si la menace extérieure des Huns avait été éliminée, l'Empire était toujours condamné à la chute. Les Vandales, les Alamans et les Visigoths étaient fermement implantés dans l'Empire et ne pouvaient plus en être délogés. Les Romains leur envoyèrent de l'or pour acheter la paix mais, à un certain moment, n'en avaient plus. Alors les tribus germaniques déclarèrent leur indépendance à Rome et saccagèrent le reste de l'Empire d'Occident. En 476, le dernier empereur de Rome avait été détrôné.

\*

La chute de l'Empire romain est similaire au processus qui est en cours en Europe. Devrons-nous un jour parler du déclin et de la chute de l'Occident ?

\*

Dévastés et affaiblis par la Seconde Guerre mondiale, des politiciens soi-disant brillants cherchèrent une aide extérieure. Les frontières furent ouvertes à des millions de musulmans supposés redonner un souffle de vie à l'Europe, qui avait un faible taux de natalité, et lui permettre de faire compétition aux Etats-Unis et à l'URSS ainsi que, plus tard, aux pouvoirs émergents comme la Chine et l'Inde.

Par contre, les musulmans ne s'intégrèrent pas, créant des sociétés parallèles. Ils avaient beaucoup plus d'enfants que les Européens et, grâce à ces naissances et à une immigration soutenue, leur nombre ne cessa de croître.

Les politiciens tentèrent de les maîtriser avec les avantages de l'État-providence, mais suite à une crise économique dévastatrice, leurs économies avaient fondu. L'Europe devait faire des coupures et alors les troubles commencèrent avec les immigrants, en premier à Paris en 2005 et ensuite en 2011, d'abord à Londres et ensuite dans le reste de l'Angleterre.

Le nombre de musulmans continua de croître et, à un certain moment, ils commencèrent à dominer la société civile et l'État. Lorsque les Européens tentèrent finalement de se lever contre eux, leur rébellion fut réprimée. Les Européens étant devenus vieux et faibles, ils n'avaient plus rien pour s'opposer aux jeunes et forts musulmans. La civilisation occidentale se dissout et de nouveaux empires musulmans émergèrent sur son ancien territoire.

*

Nous pouvons encore éviter ce futur. Nous pouvons encore changer le cours des choses. Mais nous ne pouvons réaliser ça que si l'on s'admet honnêtement et sans filtre la nature de la situation à laquelle nous sommes confrontés.

Nous avons le courage de faire ça. Avec l'exemple des Romains avant nous, nous savons que nous devons nous battre pour notre identité.

Le destin de l'Europe n'est pas encore scellé et nous allons écrire l'histoire à notre façon !

Parce que nous sommes la génération identitaire.

# 24.

## SUR L'ISLAM

Aucun pouvoir terrestre ne représente un plus grand obstacle à votre village global « émancipé » que l'Islam.

L'Orient s'est tourné contre vous avec toute sa puissance et a défié l'Occident.

Les musulmans opposent à votre idéologie fanatique une religion tout aussi fanatique, l'Islam politique.

Vous pensiez qu'en apportant votre message à l'Orient et aux musulmans, vous seriez accueillis à bras ouverts. Vous pensiez faire venir les musulmans en Europe pour les « illuminer » et les « éduquer ».

Vous étiez convaincus que les musulmans moderniseraient et réformeraient leur religion. Mais ils ont fait le contraire.

Plus vous avez prêché l'évangile de la démocratie et des droits de l'homme, plus forte fut la résistance devant vous. Et plus ils apprirent à connaître votre société libérée, plus ils la rejetèrent.

Ils ne réformèrent pas l'Islam mais le radicalisèrent.

Aujourd'hui, des millions de musulmans vivent en Europe et rient avec mépris de votre idéologie. Vous espérez encore les gagner à votre cause. Vous appelez ça de l'intégration. Mais il est temps de reconnaître une chose : les fiers musulmans de l'Orient n'accepteront jamais vos théories et vos croyances.

Cela impliquerait de devoir abandonner leurs identités.

Et ils sont loin d'agir ainsi.

*

En fait, la situation y est totalement contraire. Depuis un certain temps, les musulmans les plus radicaux, aussi connus sous le nom de salafistes, ont lancé une contre-offensive agressive. Ils font du prosélytisme au cœur de l'Europe. Parmi les Européens déracinés et désorientés, il semble y en avoir quelques-uns qui trouvent en l'Islam un refuge dans la tempête.

C'est ainsi que ces deux idéologies fanatiques se préparent au combat : l'Islam politique contre l'idéologie des soixante-huitards. Ils s'accusent mutuellement d'être l'incarnation du mal absolu. Nous, les identitaires, sommes sous un feu croisé dans cette bataille.

\*

Nous ne commettons pas l'erreur de plusieurs conservateurs qui déclarent que l'Islam est l'ennemi absolu. Nous ne croyons pas que nous devrions convertir les musulmans aux « valeurs occidentales », bien au contraire ! Nous ne souhaitons ni attaquer l'identité des musulmans, ni ne souhaitons lancer des croisades contre l'Orient comme vous l'avez fait.

Nous ne condamnons ni les musulmans, ni l'Islam. Ici, nous sommes mille fois plus tolérants que vous. Nous n'haïssons pas et ne diabolisons pas. Nous ne pensons pas avoir trouvé la vérité absolue, mais reconnaissons la vérité légitime et unique à chaque culture.

Mais sur certaines questions, nous ne tolérons pas d'opposition.

La présence de millions de musulmans en Europe représente une menace continue pour la paix de notre continent. Pas parce que les musulmans représentent l'incarnation du mal absolu, mais parce que votre société multiculturelle ne fonctionne pas.

\*

La question de l'Islam est une des grandes questions de notre époque. Nous y répondrons et réussirons où vous avez échoué. Nous trouverons une solution.

Parce que nous sommes la génération identitaire.

# 25.

## SUR LE CORPS ET L'ESPRIT

Pendant des siècles, toutes les philosophies et les religions enseignèrent l'unité du corps et de l'esprit. Quiconque veut atteindre les sommets intellectuels doit aussi garder son corps sain et pur, disait l'enseignement.
Vous avez aboli cette unité. Vous méprisez la santé physique et expliquez que le désir naturel d'un corps sain et fort n'était qu'une ruse publicitaire des magazines de mode. Cette façon de penser est supposément vieux jeu ; tout le monde devrait être satisfait de ce qu'il est.
Avec ces jolis mots, vous nous avez corrompus, nous, vos enfants.

*

Projetée dans un monde d'excès, notre génération a perdu de vue ce que combattre signifiait. Mais vous ne trouviez pas nécessaire de nous élever à la dure ou de nous apprendre à être rigoureux envers nous-mêmes.
Comme conséquence, nous sommes devenus mous et faibles. Plusieurs d'entre nous étaient déjà obèses et paresseux à l'enfance, mais au lieu d'aider ces enfants en les incitant à faire du sport et en leur montrant la beauté de la forme physique, vous leur avez fait croire qu'empoisonner leur propre corps était acceptable.
Vous leur avez même apporté ce poison sur un plateau d'argent. Avec la sincère conviction que vous faisiez quelque chose de bien pour eux, vous les avez menés dans la plus grande détresse.

Tout comme un chien qui n'a pas le droit de courir ou un aigle qu'on empêche de voler, l'humain qui n'utilise pas son corps ne sera jamais satisfait.

Plusieurs d'entre nous ont reconnu que de négliger notre corps et de ne pas faire de sport nous a rendu malade et que la nourriture grasse, les collations sucrées et la télévision en continu nous a rendu malsains.

Dans notre détermination à surpasser vos idées absurdes, nous avons rebâti l'unité du corps et de l'esprit.

Alors que nous cherchons notre identité, nous voulons redevenir rigoureux. Nous ne voulons plus être mous et douillets. Nous désirons être forts et heureux, nous voulons découvrir le monde à la sueur de notre front en respirant l'air frais, non pas comme il nous est présenté sur le sofa.

*

Nous plongeons dans les rivières glacées, montons les plus hautes montagnes et courons jusqu'à ce que la force nous abandonne.

Parce que nous sommes la génération identitaire.

# 26.

## SUR LA LIBERTÉ

La liberté est le meilleur élément de la pensée européenne. Nous avons lancé des guerres, des révolutions et renversé des rois et des tyrans au nom de la liberté. Nous avons été exécutés pour la liberté et notre sang a coulé en son nom. Elle nous intoxiqua et nous donna le courage de réaliser de grandes choses. Parce que nous aimons la liberté de façon passionnelle. Rien d'autre ne nous fait autant d'effet.

\*

Mais vous en avez abusé. Vous avez travesti son nom et vous avez présenté votre travail de destruction comme étant inspiré de *sa* volonté.

Vous pensiez sincèrement défendre la liberté. Mais vous n'en connaissiez rien.

« *De quoi pouvons-nous nous libérer ?* », tel était votre questionnement. Alors vous vous êtes tournés vers tout ce qui tentait de vous influencer et vous l'avez détruit.

De cette façon vous avez anéanti la famille, la culture, la nation, la tradition, les sexes et un millier d'autres choses. Vous avez voué tous vos liens avec eux pour être « libres ». Et vous l'êtes, mais maintenant, il vous est impossible de comprendre que nous, vos enfants, voulions intentionnellement reconstruire ces liens que vous avez coupés.

*

Nous avons réalisé que votre question de départ était erronée. « *Libres de quoi ?* », vous vous demandiez. Votre réponse était : « *libres de tout !* » Et alors vous vous êtes retrouvés seuls.

A la base nous nous demandons : « *Que voulons-nous ? En quoi croyons-nous ? Pourquoi combattons-nous ?* » C'est seulement lorsque nous avons reconnu nos objectifs que nous pouvons reconnaître ce qui nous retient et ce dont nous devons nous libérer.

Nous en sommes donc venus à une décision :

Nous voulons récupérer notre identité. Nous voulons tout ce que vous avez détruit. Mais vos idées, vos accusations et votre critique font rempart entre nous et notre identité.

Vous avez empoissonné l'Europe, l'avez estropiée et lui avez dérobé sa volonté de vivre. Mais nous voulons redonner à l'Europe sa santé. Nous voulons redonner la liberté à l'Europe, sa vraie liberté. La libérer de vous.

Parce que nous sommes la génération identitaire.

# 27.

# SUR L'ETHNOPLURALISME

Depuis l'aube de l'humanité, d'innombrables cultures, peuples et tribus ont existé. Chacune a développé sa propre façon de vivre et une vision du monde totalement unique à elle-même.

Les Amérindiens recherchent l'unicité avec la nature. L'honneur prévaut toujours pour les Japonais. Les Européens, eux, se démarquent par leur poursuite de la liberté. Qui voudrait obliger tous ces peuples à se rassembler dans un grand *melting-pot* ? Qui voudrait nier qu'ils sont fondamentalement différents et que ces différences sont *bonnes* ?

Préserver la diversité culturelle et assurer la coexistence la plus pacifique possible a toujours été la plus grande tâche de notre génération. Au plus profond de nos cœurs brûle le désir de tourner la page sur une époque de haine. Nous voulons visiter d'autres terres et d'autres peuples, les connaître et apprécier leurs caractéristiques uniques afin d'éviter les conflits par une meilleure compréhension de leurs perspectives.

Mais, contrairement à vous, nous ne sommes pas des rêveurs d'un autre monde. La paix entre les peuples de ce monde est trop importante pour être bâtie sur une pensée magique.

Celui qui croit qu'il peut unir toutes les cultures dans une société multiculturelle ne rend pas service à la paix, mais jette plutôt les fondations de guerres et de haines futures.

\*

De la même façon que chacun a besoin de son propre endroit privé, chaque culture a besoin de son espace pour développer et structurer la vie quotidienne à sa façon.

Celui qui rassemble toutes les cultures et les peuples ensemble sur un territoire causera à long terme les guerres les plus sanglantes. Il faut comprendre cela pour pouvoir expliquer les guerres des Balkans et les guerres perpétuelles du Moyen-Orient.

Placer des contraires à proximité l'un de l'autre mènera toujours au conflit.

La règle s'applique aussi à l'Europe et à l'immigration massive de musulmans. L'histoire nous démontrera une fois de plus qu'il aurait été beaucoup plus pacifique de renvoyer les immigrants chez eux plutôt que de les laisser vivre ici, créant ainsi les bases d'un conflit perpétuel.

\*

Mais vous n'avez jamais compris l'essence de l'identité et de la culture. Vous n'avez jamais saisi que les humains ont besoin d'espace pour exprimer leur identité. Qu'ils ont absolument besoin de cet espace et qu'ils se l'approprieront s'ils n'ont pas d'autre choix.

C'est pourquoi le désir d'innombrables peuples de posséder un territoire qui leur est propre a causé des tensions et des heurts en Europe et mènera un jour à de nouveaux conflits amers.

Ce sera vous qui porterez la culpabilité de ces conflits et non pas les combattants !

Nous, de notre côté, avons compris l'essence de l'identité et de la culture et agissons en fonction de cette compréhension. Notre politique ne sera pas dictée pas des illusions, mais par des faits réels. Nous admettons respectueusement le besoin des peuples pour leur identité ainsi que le droit de chacun d'avoir son propre territoire.

Parce que nous sommes la génération identitaire.

# 28.

## SUR LA RESPONSABILITÉ

De la même façon qu'un médecin a la responsabilité de ses patients, qu'un enseignant de ses élèves, qu'un parent de ses enfants, nous, la génération identitaire avons une responsabilité face à l'histoire.
Ce qui veut dire de ceux qui viendront après nous.
Celui qui possède ou recherche le pouvoir doit toujours être tenu responsable de l'utilisation de ce pouvoir.

*

Vous avez voulu vous émanciper de cette responsabilité. Vous vous êtes sentis contraints. Alors vous avez lancé vos responsabilités par-dessus bord, accompagnées de toute vision à long terme, dans le but d'expérimenter avec l'Europe et le futur de vos enfants.
A qui doit-on vraiment des réponses ?
Vous ne croyez pas en Dieu, vos enfants ne font pas partie de vos calculs et vous ne vous préoccupez pas de l'Europe.
Mais vous ne pouvez pas vous sauver de votre responsabilité historique. Pensez-y : l'histoire est un juge sans pitié.
Elle vous condamnera pour avoir été ceux qui ont conduit l'Europe au bord de l'annihilation totale. Elle se souviendra que seulement la vision et la détermination de vos enfants sauva l'Europe de l'abysse.
Nous, la génération identitaire, exigeons un futur pour l'Europe. Et nous donnerons un futur à l'Europe. Mais ce futur exigera que nous vivions dans une lutte constante. Il sera déchiré par des

conflits et des batailles qui n'auraient jamais été nécessaires si vous aviez agi de façon responsable.

*

Vous vous demandez comment vous avez péché ? Quels sont vos crimes ? Vous avez infligé d'incalculables blessures à notre planète. Des blessures que nous devrons panser et soigner avec les plus grands soins.
Vous avez permis un effondrement démographique et ainsi, nous devrons cracher des sommes extravagantes pour vos pensions.
Vous avez permis et même encouragé l'immigration massive et alors nous devrons un jour combattre pour le droit à notre propre continent.
C'est de ce fil dont les batailles et les conflits du futur sont tissés. C'est le fardeau que vous nous passez, à nous, vos enfants.
Nous pouvons uniquement espérer que ce fardeau ne grossisse pas davantage.

*

Nous sommes conscients de notre responsabilité face à l'histoire. Nous voulons transmettre à nos enfants une Europe dans un meilleur état que celle dont nous avons hérité. Nous voulons être capables d'y vivre librement sans ces inquiétudes que nous devons porter.
Pour atteindre ce but, nous vous relevons de vos responsabilités et de votre pouvoir. Vos politiques sont comme un poignard dans notre cœur, car elles meurtrissent l'Europe.
Pour cette raison, nous visons l'autorité politique et spirituelle. Nous poursuivons la politique de grandeurs. Mais contrairement à vous, nous n'avons pas peur d'assumer des responsabilités, nous prendrons le pouvoir et la responsabilité pour le plus grand bien de l'Europe.
Parce que nous sommes la génération identitaire.

# 29.

# SUR LA MONDIALISATION

Nous vivons véritablement dans un monde qui change à toute vitesse. Un monde dans lequel les découvertes scientifiques se multiplient à une cadence effrénée, une révolution technologique suivant l'autre et l'économie mondiale se transformant au point de ne plus la reconnaître. Ce qui auparavant prenait des années et des décennies se produit maintenant en quelques jours, voire en quelques heures.

Nous entrons dans une nouvelle ère, une ère de plus grande proximité et de contacts à travers le monde. Une ère dans laquelle les grandes cultures se heurteront avec plus de force que jamais auparavant. Des peuples qui ne savaient rien des uns des autres se rencontrent désormais sur une base quotidienne.

Ce n'est pas toujours une bonne chose.

Parce que la mondialisation est une épée à deux tranchants.

Devant nous se dressent des possibilités et des opportunités jamais connues auparavant. Mais même lorsque contrôlées et bien gérées, elles cachent des dangers jamais connus auparavant.

*

Au fil de l'histoire, la plupart des cultures vécurent dans leur propre sphère sans avoir trop de contacts avec les autres.

Dans notre histoire plus récente, les cultures du monde vécurent sous un dominion occidental.

Par contre, cette époque se termine. Une multitude de cultures, chacune étant aussi valable que l'autre, deviennent des puissances mondiales. Plusieurs d'entre elles possèdent des armées redoutables, des économies florissantes et certaines ont assez d'armes nucléaires pour créer une apocalypse d'origine humaine.

Dans cette nouvelle ère, nous nous devons d'être prudents. Nous ne pouvons plus nous permettre de tenter d'imposer notre vision du monde aux autres par simple vanité.

L'époque exige clairement de la considération et du respect pour les identités des autres cultures et leurs religions. Plus que les autres, l'Occident a quelques leçons à apprendre sur le sujet.

*

Mais avec la fin de votre règne, l'Europe s'adaptera aussi. Elle balayera son arrogance et s'intégrera à la nouvelle société mondialisée. Cette fois, sans dicter au reste du monde comment ils doivent vivre.

C'est notre politique étrangère.

Contrairement à vous, nous avons admis la nécessité d'éprouver de la considération et du respect pour les autres cultures selon leurs propres standards et non pas de les homogénéiser avec le multiculturalisme. De la même façon, nous avons admis la nécessité pour des frontières claires et une séparation géographique, dans l'intérêt de la paix mondiale.

*

Nous affirmons donc ce qui suit :

Chine, vis comme tu le souhaites, que ce soit avec une dictature, une démocratie ou une forme de gouvernement complètement différente. Ce n'est pas à nous de juger. Nous respecterons votre noble culture, peu importe ce que vous choisissez.

Musulmans, vivez comme bon vous semble. Implantez la charia ou encore ne le faites pas. Vous avez le droit de faire ce que vous considérez être le bien pour vos pays et votre culture. Le temps des « guerres de libération » est révolu ; soyons amis dans le futur.

Aux Africains : l'époque où nous vous avons privé d'une voix indépendante doit finalement se terminer. Nous ne vous offrirons plus de notre « aide » si hypocrite. Nous partirons et laisserons l'Afrique être l'Afrique. Nous vous donnerons la chance de régler vos problèmes vous-mêmes, car c'est en votre pouvoir.

*

Ce sont nos vœux d'estime et de respect.

En échange, nous demandons ceci des autres cultures :

Comme nous acceptons votre identité, nous nous attendons à ce que vous respectiez la nôtre.

Rappelez vos prosélytes. Cessez de vous implanter sur le territoire européen. Nous voulons tous vivre ensemble dans un climat de respect mutuel.

L'époque de nos parents est terminée. L'époque où l'Europe voulait vous dire comment vivre est révolue. Mais l'époque où l'Europe ne s'intéressait pas à ses propres pays l'est également. Dans l'ère qui commence, le monde pourrait ne pas être uni, mais il sera certainement marqué par le respect.

Parce que nous sommes la génération identitaire.

# 30.

## SUR LA FUITE

Le monde, comme il se présente à nous, est vide et froid. Ses communautés ont été dissoutes et il ne reste que des individus, allant et venant frénétiquement au service de l'économie mondiale.

Cependant il n'est pas surprenant que plusieurs d'entre nous fuient dans un monde beaucoup plus agréable, qui est celui de l'ordinateur et des jeux vidéo.

Là, on retrouve ce qui n'existe plus dans le vrai monde : une communauté à laquelle appartenir, de la solidarité, des grands actes héroïques, de la chevalerie authentique et du vrai amour. En fait, les jeux vidéo sont pour plusieurs d'entre nous la dernière possibilité de poser des gestes réellement héroïques, de faire l'expérience de batailles épiques, de gagner des combats et de surmonter la défaite.

C'est pourquoi plusieurs d'entre nous choisissent cette voie et certains en oublient même leur vraie vie. Ils ne veulent pas retourner dans le monde froid et insensé que vous avez créé et dans lequel vous les avez cantonnés.

Vous n'avez que du mépris pour leur comportement et souhaitez les obliger à revenir à *votre* réalité. Mais ils *vous* fuient.

Nous, par contre, comprenons nos frères et sœurs. Nous savons pourquoi ils courent, pourquoi ils ne veulent rien savoir de ce monde, de *votre* monde.

Alors nous vous disons :

Venez à nous, frères et sœurs ! Dans *cette* vie, il y a encore des batailles à combattre et des luttes à gagner. Nous avons besoin de votre désir d'action et de votre passion pour venir à bout de vos parents.

Terminons-en avec leur règne de terreur. Joignons nos forces pour cette nouvelle ère. Construisons un monde ensemble. Un monde duquel personne ne devra s'enfuir. Un monde dans lequel nous retrouverons des valeurs authentiques et de vraies amitiés. Un monde de communauté et de solidarité. Venez à nous, frères et sœurs. Joignez-vous à notre combat contre les soixante-huitards. Défendez-vous avec toute votre force. Joignez-vous à nous pour reconquérir notre héritage, notre pays et notre identité. Revenez, frères et sœurs ! Nous devons être ensemble. Parce que nous sommes la génération identitaire.

# 31.

## SUR LE ZEITGEIST

En Europe, vos idées et vos attentes forment l'idéologie dominante. Les lois furent passées en fonction de vos plans et votre société castrée et multiculturelle devint une réalité. Vos rêves sont devenus réalité.
Comment en est-ce venu à ce stade ? Quel est le fondement de votre pouvoir en Europe ? Avez-vous fait chanter ou menacé les politiciens ? Vous êtes-vous tous lancés en politique ? Comment avez-vous été capables d'implanter votre volonté ?
La réponse est le Zeitgeist.
Avec vos livres et votre art, vos événements et votre musique, vous avez réussi à façonner la pensée d'une génération entière. Evidemment, seulement quelques-uns ont étudié les théories complexes qui ont inspiré cette vague, mais vous avez façonné le discours social, brisé tous les vieux tabous et dominé tous les dialogues.
Ce n'est ni la supériorité militaire, ni le pouvoir économique ou le nombre de sièges que vous aviez au gouvernement, mais uniquement la suprématie et la domination intellectuelle qui vous a élevé au pouvoir en Europe.
Pour cette réussite, vous méritez notre respect.

*

Par contre, vous n'avez jamais réussi à stabiliser votre pouvoir et à transmettre vos idéaux à vos enfants. Maintenant, une nouvelle génération monte sur le podium, une génération qui rejette vos idées. Une génération qui incarne son propre Zeitgeist, un nouveau Zeitgeist. Nous sommes cette génération. Etape par étape, nous mettrons votre supériorité intellectuelle au défi. Nous écrirons nos propres essais et nos propres livres, chanterons nos chansons, produirons nos vidéos, réaliserons nos dessins, nous ferons l'art et, de cette façon, nous affaiblirons quotidiennement votre emprise sur le pouvoir.

Il viendra un jour où il sera entièrement naturel pour un étudiant d'être un identitaire, tout comme c'était naturel d'être de gauche en 1968 et de droite en 1933.

*

La bataille contre vous sera difficile. Vous avez des armes puissantes à vos ordres : des télédiffuseurs, des journaux et des partis politiques. En vérité, votre arsenal semble illimité.

Mais à la fin, nous vous vaincrons. Notre volonté et notre détermination seront mises à rude épreuve, mais nous ne flancherons jamais. C'est une bataille pour rien de moins que notre propre existence. Pour l'Europe, notre culture et notre identité !

Nous relevons le défi !

Parce que nous sommes la génération identitaire.

# 32.

# SUR LE BESOIN D'IDENTITÉ

Chaque individu possède non pas une seule, mais plusieurs identités diverses. Chacun de nous est un homme ou une femme, appartient à une nation, à une ville natale et fait partie d'une communauté religieuse (ou cette communauté des non-croyants).
 Nous possédons d'innombrables identités et ce sont elles seules qui déterminent qui nous sommes.
 Vous leur avez déclaré la guerre.

*

Les identités sont formées dans un contexte de contrastes et de limites. S'il n'y avait pas de femmes, l'identité masculine ne jouerait aucun rôle pour les hommes. Si l'Europe était seule au monde, l'identité européenne serait insignifiante. Celui qui dit « Europe » doit aussi dire « Asie » et « Afrique » pour pouvoir définir ses limites.
 Chaque identité requière des limites extérieures. Une jeune avocate se sentira féminine lorsqu'elle sera entourée d'homme, elle se sentira avocate parmi des artisans et jeune parmi de vieux avocats.
 L'identité requière de la distance. L'intérieur nécessite un extérieur. L'individu a besoin des autres pour se connaître. Vous avez certainement compris ces lois. Vous les blâmez d'ailleurs pour tous les conflits dans le monde.
 C'est pourquoi vous avez entamé votre croisade contre toutes les identités. Vous la continuez encore aujourd'hui avec une minutie sans pitié.

\*

Vous avez attaqué les sexes avec votre novlangue aseptisée, avez donné des poupées aux garçons et dérobé aux femmes la satisfaction de leur féminité.

Vous avez attaqué la religion en lui faisant perdre son importance et en la déclarant superflue.

Vous avez attaqué les cultures et les nations du monde entier en créant des sociétés multiculturelles.

Vous avez attaqué la notion de ville natale en tentant de les standardiser toutes. L'homogénéisation et l'uniformisation sont réellement les armes les plus puissantes de votre lutte contre l'identité.

Pendant des décennies, vous avez attaqué toutes les identités et avez essayé de surpasser artificiellement vos propres contradictions. Vous avez combattu sauvagement, avec tous les moyens, mais vous avez tout de même perdu.

Votre lutte contre l'identité était perdue d'avance. Le désir pour sa propre patrie, délimitée par des frontières, est plus fort que tout le reste.

La volonté d'identité est une puissance plus grande, que même vous ne pouvez entraver.

\*

Peu importe le nombre de poupées que vous agitez devant les garçons, ils iront toujours prendre les épées de bois. Peu importe le nombre de lois et de règlements vous imposez, il y aura toujours des professions masculines et féminines. Les contrastes entre les cultures ne sont nulle part plus évidents que dans vos sociétés multiculturelles.

Vous ne pouvez pas vaincre la volonté d'identité.

Votre campagne peut avoir mélangé et brouillé l'identité européenne, mais elle ne pourrait jamais l'éliminer. Votre guerre mène à des conflits entre les différents types d'identité, mais leur existence est encore une preuve de plus que vous ne vaincrez jamais l'identité,

*

L'identité compte. Aujourd'hui comme dans mille ans. Nous avons cessé de combattre dans vos batailles insensées. Nous admettons que le désir pour des frontières et la poursuite de l'identité sont des forces primitives qui seront toujours en nous. Nous ne perdrons pas de temps à les combattre ; au contraire, non seulement nous les jugeons positives, mais également nécessaires. La volonté d'identité est plus forte que votre idéologie artificielle. C'est une autre raison pour laquelle, à la fin, nous vous vaincrons. Parce que nous sommes la génération identitaire.

# 33.

## SUR LE SERVICE MILITAIRE OBLIGATOIRE

Dans votre infiltration des institutions, vous avez été retardé une seule fois. Il y avait qu'une organisation que vous n'arriviez pas à contrôler : l'armée.

Votre personnalité et votre psychologie vous rendait incapable ou réticent à joindre l'armée et à y réaliser ce que vous aviez fait dans les universités, car vous préfériez le monde des livres à celui de l'austérité et de l'effort physique.

Conséquemment, l'armée reste un des derniers châteaux forts dans votre monde d'institutions gauchistes.

Parce que vous ne pouviez prendre le contrôle de l'armée, vous avez commencé à la calomnier. Vous avez trainé son nom dans la boue.

Les soldats peuvent seulement être menés grâce à la discipline, l'obéissance et la camaraderie. Une armée antiautoritaire est impensable, ce qui fait de toute organisation militaire l'ennemi naturel de votre idéologie.

Il vint un moment où les jeunes hommes que vous aviez élevés pour être féminins et pour remettre en question l'autorité aboutirent dans les baraques des armées européennes où, en quelques mois d'entraînement, ils rattrapèrent ce que votre société avait négligé pendant des années. Les armées entrainèrent la jeunesse et accomplirent de ce fait une mission éducative indispensable.

S'il reste encore aujourd'hui de la virilité, de l'honneur et de la camaraderie, c'est par-dessus tout grâce au dur entrainement que les hommes reçurent dans les baraques.

Cet entraînement représentait pour vous une épine au pied. Alors vous avez attaqué le service militaire obligatoire et l'avez aboli. Non pas pour des raisons militaires, mais parce que les drills et l'obéissance ne concordaient pas avec votre vision du monde.

Lorsque l'Union soviétique implosa finalement, vous vous mîtes immédiatement à la tâche d'éliminer la conscription. Ce ne fut jamais pour réformer l'armée ; ce fut toujours pour servir vos buts idéologiques.

En abolissant la conscription dans plusieurs pays et en tentant de le faire dans de nombreux autres, vous avez causé des dommages incalculables à nos sociétés.

Vous avez dérobé à notre génération sa dernière chance de se prouver. Vous nous avez volé cette chance de connaître nos propres limites. Quelle joie pour ceux qui ont encore cette chance.

Plusieurs d'entre nous n'ont aucune idée de leur force réelle ou de ce qu'ils peuvent accomplir ou réaliser.

Nous voulons le savoir. Nous voulons pousser nos propres limites. Contrairement à vous, nous voulons nous connaître.

Nous n'avons pas peur d'obéir. Nous n'avons pas peur de combattre et s'il le faut de faire, nous n'avons pas peur du sacrifice ultime. Nous savons qu'un homme doit être capable de supporter les cris du sergent d'entraînement, que seuls les garçons et les faibles « discutent » ces ordres. Les hommes acceptent et agissent. L'armée enseignait cela.

*

D'un point de vue militaire, le service obligatoire peut être ou ne pas être nécessaire.

Mais d'un point de vue social, il est définitivement nécessaire.

Nous affirmons les vertus de ce service qui est le plus grand éducateur de la jeunesse. Nous étions et serons toujours en faveur du service militaire obligatoire, pour notre pays et sa solidarité civile.

Parce que nous sommes la génération identitaire.

# 34.

## SUR L'INTÉGRATION

Un jour, vous avez reconnu que votre société multiculturelle était rejetée par les peuples d'Europe et que les Européens n'en voulaient pas. D'innombrables pays élevèrent la voix en protestant et des partis de droite gagnèrent des votes. Vous deviez réagir.

Alors vous avez présenté à notre continent souffrant un nouveau remède magique : l'intégration.

Vous avez agi comme si l'intégration était quelque chose de nouveau, comme si c'était l'inverse du multiculturalisme. De cette façon, vous avez cherché à apaiser les peuples d'Europe, au moins jusqu'à ce que les communautés étrangères soient assez fortes dans nos pays pour faire cesser toutes les protestations contre la société multiculturelle.

Alors vous avez jeté de la poudre aux yeux des peuples européens.

\*

Il y a deux définitions d'intégration. Vous avez toujours utilisé celle que vous jugiez la plus adaptée à votre public du moment. Quand vous parliez aux immigrants, vous demandiez à ce qu'ils travaillent et maîtrisent la langue du pays. Mais en quoi un emploi et des habiletés langagières changent-ils la nature de la société multiculturelle ?

Quand vous parliez aux Européens, vous utilisiez une définition tout à fait différente de l'intégration. Vous parliez de valeurs occidentales en disant qu'éventuellement, on ne pourrait plus différencier les migrants des Européens de souche et qu'ils deviendraient culturellement identiques. Fondamentalement, vous disiez qu'avec le temps, ils adopteraient l'identité européenne. Avec ces mots, vous avez voulu apaiser les Européens. Cela fonctionna pendant un certain temps. Mais à un certain moment, les partis de droite comprirent votre stratagème et exigèrent une intégration « plus dure ». En d'autres termes, ce que vous aviez promis aux Européens.

Mais même cette exigence est trompeuse.

Quelle raison les membres des communautés toujours plus puissantes auraient-ils de joindre une culture européenne décadente et mourante ? Comment une vraie intégration peut-elle être possible quand les non-Européens sont devenus si nombreux qu'ils peuvent vivre sans efforts dans leurs sociétés parallèles ?

*

Nous rejetons cette fausse confrontation entre vous et les partis populistes de droite. Nous ne voulons ni une société multiculturelle, ni forcer les membres des autres cultures à adopter notre identité. Nous affirmons donc :

Soixante-huitards ! Cesser de prêcher un modèle social qui ne peut fonctionner et qui plonge immédiatement les sociétés dans le chaos lorsqu'on tente de l'implanter.

Gens de droite ! Cessez de calomnier les immigrants, cessez de les insulter et de les blâmer pour nos erreurs.

Cessez de les accuser de vouloir conserver leur identité. Il n'y a rien de plus cruel que de demander à quelqu'un d'abandonner ce qu'il est.

Musulmans et Africains ! Défaites vos tentes et quittez ce continent. Des régions entières du monde vous appartiennent déjà. Nous vous aiderons à faire de vos patries de meilleurs endroits, vous aideront à les bâtir et les façonner. L'Afrique et l'Orient ont davantage besoin de vous et de vos forces que de l'aide européenne.

Retournez dans vos pays, car ils vous appartiennent.

L'Europe ne vous appartiendra jamais. L'Europe nous appartient.

Parce que nous sommes la génération identitaire.

# 35.

## SUR UN MONDE SANS IDENTITÉ

Imaginons un moment que votre vision d'un monde sans opposition — en d'autres termes un monde sans différence — était réalisable. Imaginons un moment à quoi ce monde ressemblerait. Ensuite, dans la mesure du possible, vous comprendrez pourquoi nous ne partagerons jamais vos buts. Pourquoi nous vous combattrons toujours. Pourquoi nous devrons toujours vous combattre. Regardons où votre idéologie nous mènera.

*

Votre monde est gris. Il n'y a plus de couleur. Les couleurs ne sont-elles pas la raison des conflits, de la haine et de la guerre ? Les blancs n'ont-ils pas toujours guerroyé avec les noirs, les rouges avec les jaunes ?

Donc vous avez aboli les couleurs, car elles ne font que diviser et mène à une pensée collectiviste fasciste.

En se promenant dans votre monde, nous atteignons une ville. Une ville dans laquelle toutes les rues et tous les édifices sont identiques. Des édifices différents ne mènent-ils pas à l'envie et à des tensions sociales ? Tout le monde ne veut-il pas s'exposer et exposer sa supériorité à travers l'apparence de sa maison ?

Alors vous avez détruit toutes les vieilles maisons et en avez construit des nouvelles, complètement identiques. Il est illégal, d'après la loi, d'altérer sa maison d'une façon ou d'une autre.

Les gens de votre monde, hommes et femmes, portent tous les mêmes vêtements. Des vêtements différents mènent aussi à l'exclusion et à la pensée collectiviste.

Nous entrons dans une de vos nombreuses usines d'éducation. Ici, des poupons sont enlevés de leurs parents rapidement après leur naissance et sont élevés par des experts hautement qualifiés et chevronnés. Vous avez réalisé que beaucoup de gens sont défavorisés à cause de leur milieu familial. Pour donner les mêmes chances à tous, vous avez finalement aboli l'institution arriérée de la famille. Les enfants apprennent certaines choses à l'école, mais ils ne reçoivent pas de notes, car les notes différencient les meilleurs élèves des moins doués.

Personne n'est obligé d'écouter en classe et ceux qui le font de façon régulière sont punis, car ils donnent une mauvaise image de leurs pairs.

Nous quittons l'usine et nous rendons vers le centre-ville. Où il y avait auparavant une cathédrale : il n'y maintenant plus qu'un immense cratère. Etant donné que vous avez réalisé que les religions étaient la cause d'innombrables guerres, vous avez brûlé toutes les églises, les mausolées, les mosquées, les temples et les monastères. Ces établissements abritaient les différences.

Nous parlons à un passant, mais il ne peut nous comprendre, car il ne peut même pas parler. Vous avez réalisé que les différentes formes de langage divisaient le monde. Et n'est-ce pas la première étape des massacres et des guerres ?

*

Alors nous nous sommes promenés dans votre monde pacifique à jamais, un monde dans lequel il n'y a plus de guerre, plus de conflits et plus de luttes.

A quelle fin quelqu'un partirait-il en guerre ? Comment un conflit pourrait-il surgir dans une telle place ? Pour quoi quelqu'un combattrait-il dans votre monde, alors qu'il n'y a rien qui en vaille la peine ?

Votre rêve est notre cauchemar.
Parce que nous sommes la génération identitaire.

# 36.

## SUR LE CONFLIT AU MOYEN-ORIENT

Oui, nous souhaitons également aborder ce dossier très explosif. Car c'est là, dans ce qui touche à la Palestine et à Israël, où le caractère irréaliste de votre idéologie et l'échec de vos politiques sont les plus évidents.

Ce dossier révèle votre totale impuissance face aux luttes brutales du monde réel.

Dans les déserts de la terre sainte, les traditions de deux peuples anciens se heurtent et ils combattent tous deux pour leurs valeurs les plus importantes, leurs sites sacrés, leurs identités nationales, culturelles et religieuses.

*

Vous n'avez jamais compris ce conflit. Vous avez toujours organisé des cessez-le-feu, des pourparlers, des processus de paix et des rencontres de toutes sortes, mais vous avez été déçus encore et encore.

L'échec de tous vos efforts était totalement prévisible, du moins pour ceux qui comprenaient ce conflit.

Ce conflit n'est pas de nature économique ou politique ; il est entièrement culturel. Cette lutte n'est pas liée à l'argent ou aux ressources, mais à des symboles et des lieux sacrés.

Les Israéliens et les Palestiniens ne revendiquent pas le Temple du Mont parce qu'il rapporte un copieux revenu, mais parce qu'il est le centre de leurs identités respectives.

Aucun des deux camps n'abandonnera le Temple du Mont ou ses revendications, car il symbolise ce qu'ils considèrent être leur terre sacrée. Il n'y a pas de solution ou de paix dans cette guerre et que vous croyiez encore à la paix après plus de 60 ans démontre seulement à quel point vous êtes incorrigibles.

La paix ne peut être achetée avec de faibles appels, mais seulement en neutralisant l'élément essentiel de ce conflit.

L'élément essentiel de ce conflit est l'identité de ces deux peuples. Aussi longtemps qu'il y aura des Palestiniens et des Israéliens en terre sainte, ces deux peuples s'opposeront l'un à l'autre.

\*

Alors que les Israéliens et les Palestiniens se battent pour leur patrie, nous vous regardons avec dégoût vous ingérer dans ce conflit et choisir un camp.

Vous avez tendance à tenter d'identifier le camp du bon et le camp du mal dans chaque conflit, mais nous croyons que ces classifications n'existent pas dans ce cas.

Peu importe le côté que vous choisissez, nous rejetons votre partisannerie.

Qui donnerait tort aux Juifs de vouloir retourner dans leur patrie après des millénaires de persécutions et d'errance ?

Qui donnerait tort aux Palestiniens de vouloir conserver leur patrie ?

\*

Les guerres, les conflits et la haine qui persistent durant des décennies sont le résultat lorsqu'on met plusieurs peuples différents sur le même territoire. Grâce à vous, un destin similaire menace l'Europe.

Dans la guerre au Moyen-Orient, par contre, nous restons neutres. Aucun parti n'est bon ou mauvais. Les deux peuples se battent parce qu'ils ne peuvent faire autrement. Nous comprenons ça et espérons que l'Europe ne subisse pas de conflits similaires. Nous luttons pour la paix.

Parce que nous sommes la génération identitaire.

# 37.

## SUR L'ART

Comme tout le monde le sait, on ne peut définir les goûts et toute tentative d'établir un standard esthétique absolu est intrinsèquement impossible.

Nous ne sommes pas assez arrogants pour affirmer être capables de définir ce qui est beau et ce qui ne l'est pas, tout comme nous n'affirmerons pas être du côté de l'art « vrai » ou « réel ».

Dans tous les cas, la beauté peut être relative, mais ce qu'une personne ou une culture trouve beau révèle beaucoup sur cette personne ou cette culture.

*

Dans l'Antiquité, le principe romain s'appliquait : l'art devrait représenter le monde de façon plus jolie qu'il ne l'est réellement. Ce principe était une expression du caractère romain, d'un besoin pour ce qui est plus grand, pour l'éternel.

Les Romains bâtirent des structures monumentales, des statues de marbre et de magnifiques temples. Ils étaient parfaits de forme, irradiaient de force et de transcendance.

L'art d'une culture a toujours été une expression de la qualité de son expérience vécue. Les grands empires érigeaient des structures gigantesques. Les peuples épris de liberté écrivaient des romans et des poèmes faisant l'éloge de l'amour et de la liberté.

*

Mais qu'avez-vous créé ? Des travaux « modernes », sans forme, sans signification et sans précédent. Votre art vous trahit. Vous n'aviez aucune volonté de façonner, de créer. Vos esprits étaient des marécages de chaos, de conflits et de haine de soi.

En conséquence, vous avez créé des pièces d'art fracturées et fissurées, reflétant parfaitement votre souffrance spirituelle.

On ne peut discuter de goûts. Si vous trouvez ces choses belles, qu'il en soit ainsi. Mais disons-le :

Nous ne pouvons pas les trouver belles ! La simple pensée de votre art moderne nous lève le cœur. Vos tentatives d'être « originaux » nous écorchent les yeux.

Épargnez-nous gentiment les visites dans vos galeries et ne nous obligez jamais à les regarder encore.

Même s'il n'y avait aucune raison politique de vous déposséder de votre pouvoir, votre art serait une raison bien suffisante.

Nous aimons une autre sorte d'art ; celle qui s'harmonise avec le monde naturel, la sorte qui irradie de fierté et de gloire, qui représente quelque chose de vrai et dans lequel nous pouvons trouver un sens. Non pas le chaos, mais l'ordre. Pas un mélange monotone, mais la pureté lumineuse de toutes les couleurs.

C'est ce que nous trouvons beau.

Parce que nous sommes la génération identitaire.

# 38.

## *AUREA AETAS*: L'ÂGE D'OR

Quiconque est réellement familier avec les prophéties mayas sait qu'ils prédisaient que le 21 décembre 2012 marquerait non pas la fin du monde, mais le début d'une nouvelle ère.

Une nouvelle ère mondiale qui serait fondamentalement différente de celles qui ont précédé.

Qu'on croit ou non aux écritures mystiques, c'est néanmoins en notre pouvoir d'amener un tel changement d'ère. Un âge d'or de l'identité.

\*

Nous voulons créer un monde nouveau. Nous voulons reconstruire notre planète sur de nouvelles bases et abandonner le chemin sur lequel nous sommes présentement, qui mène à un homme moyen sans visage et homogénéisé.

Nous voulons réveiller le tumulte de la tempête, le modèle inconcevable de toute chose. Notre nouvelle ère n'ondulera pas calmement comme une rivière calme, monotone et toujours pareille.

Bien au contraire ! Abattez les barrages, frères et sœurs ! Cette ère sera celle des rapides sauvages et invaincues ! Chaque bras, chaque ligne et chaque chute devra être unique.

\*

Brisez vos chaînes, frères et sœurs ! Les soixante-huitards nous ont cantonnés pour nous uniformiser. Mais nous aimons la différence !

Détruisez les murs artificiels de notre prison collective ! Soyez des hommes et des femmes, des Européens et des Asiatiques une fois de plus !

\*

Défendez la nature, chers frères et sœurs !
Chaque arbre, chaque roche et chaque montagne nous est sacré. Nous ne permettrons plus que la beauté de nos pays soit calculée en termes de valeur économique.

\*

Mettez votre animosité de côté, peuples du monde ! Cessons de tenter de créer un monde unique en dominant les autres. Ne tentons plus d'imposer nos cultures et nos religions aux autres peuples. Au lieu de cela, préservons nos identités et apprenons *réellement* à aimer la diversité !

\*

Régnons sur l'économie et cessons d'être des esclaves pour une caste de riches élitistes ! Nous libérerons la planète de l'emprise mortelle du capitalisme et créerons une société dans laquelle l'économie sert la culture, et non l'inverse.
Frères et sœurs, l'âge d'or commence en nous et avec nous. C'est à nous de créer un monde nouveau et meilleur.
Nous démolirons les donjons des soixante-huitards et cette ère deviendra une réalité.

\*

Chers frères et sœurs !
Notre identité est enchaînée. Confinée et torturée, opprimée et violée, abusée et désespérée. Elle a dû endurer d'innombrables monstruosités et indignités.
Mettons fin à cette souffrance. C'est notre chant de libération.

# 39.

## NOTRE DÉCISION

Frères et sœurs !

Nous savons comment vous vous sentez en ce moment. Vos sentiments sont les nôtres. Les mêmes doutes, la même incertitude nous déchirent tous.

\*

Nous sommes face à la plus grande épreuve inimaginable de l'histoire. Nous avons grandi sur un continent qui a longtemps oublié qui il était. Nous avons été élevés par des parents qui étaient déterminés à détruire nos pays, bien qu'entourés par des peuples étrangers forts et vibrants qui souhaitent obtenir les richesses d'une Europe affaiblie.

C'est notre destin. Un destin que nous ne pouvons fuir. Que nous le voulions ou non, que nous le reconnaissions ou non, que nous l'acceptions ou non, cela restera notre destin.

Mais nous avons un choix à faire. Chaque personne doit décider pour soi.

Chacun doit décider. Voulons-nous relever le défi que l'histoire nous offre ou souhaitons-nous abandonner et laisser l'Europe tomber ?

C'est une décision difficile et personne ne devrait la prendre à la légère. Chaque choix comporte des conséquences lourdes.

\*

Si nous laissons l'Europe mourir, nous pourrons quand même battre en retraite. Nous pourrons laisser la sphère politique, abandonner les grosses villes et migrer avec nos familles vers des villages éloignés. Nous pourrons tout de même vivre une vie heureuse, calme et paisible en réclusion. Nous pourrons fuir toute la décadence de la société, car il y a d'autres endroits où nous pouvons nous réfugier. Rien ne nous empêche de réaliser notre bonheur personnel.

Mais si nous faisons ça, si nous abandonnons et retraitons, alors l'Europe déclinera et chutera indéniablement et ce, de façon permanente.

N'est-ce pas correct, si au moins nous pouvons vivre nos vies heureux et en paix ?

\*

Nous pourrions aussi arriver à une autre conclusion. Nous pourrions fièrement et bravement déclarer : « *L'Europe ne mourra jamais ! Nous ne laisserons jamais l'Europe mourir !* »

Si nous devions dire ça, si assez de gens devaient le dire, si assez d'entre nous se levaient et combattaient, si nous pouvions trouver assez de courage pour cette décision, alors oui, l'Europe vivrait. Alors ce continent renaîtra et entrera dans une nouvelle ère de liberté. Nous serons les héros de l'histoire future.

\*

Cette décision implique beaucoup de souffrances personnelles.

Cela implique un combat. Pas pendant des semaines et des mois, mais pendant des années et des décennies, un combat qui nous coûtera cher.

Cela implique de se lever. De se lever contre nos parents, contre l'État, contre la politique, contre tous ceux qui affirment être capables de décider de notre futur pour nous.

Cela implique de lever notre voix, de nous exprimer quand notre identité est calomniée, d'interrompre, alors que tout le monde approuve passivement.

Cela implique de la dispute. Cela implique des discussions passionnées, sans jamais remettre en doute la justesse de notre cause. Cela implique des conflits. Des différends avec votre famille, vos professeurs et avec ceux dont vous aimeriez plutôt gagner le respect.

\*

Réfléchissez bien à cette décision. Une fois que vous la prenez, vous ne pouvez revenir en arrière. Une fois que vous avez choisi la lutte pour notre identité, elle ne vous laissera plus jamais tranquille. Vous ne pourrez plus reculer, car vous ne serez désormais plus heureux que lorsque votre pays aura été sauvé.

Frères et sœurs, c'est notre destin, c'est notre décision. Parce que nous sommes la génération identitaire.

# 40.

## NOS ARMES

Frères et sœurs !

Notre combat est dur et nos opposants n'ont aucune pitié. Ils nous haïssent pour les avoir dépouillés de leurs illusions.

Sachez qu'ils utiliseront toutes les ruses et manigances à leur disposition.

Ils nous attaqueront dans les médias, nous ignoreront et nous humilieront et feront tout sauf nous parler.

Ne vous attendez pas à un dialogue ouvert ou un vif échange d'arguments. Ne vous attendez pas à ce qu'ils suivent les règles. Ils ne le feront pas et alors nous-mêmes ne le pouvons pas.

Il y aura un dialogue seulement si nous les y obligeons. Alors nous devons rechercher la confrontation. Nous devons crier et hurler si fort que personne ne pourra plus nous ignorer. A cette fin, nous avons besoin d'un mouvement courageux et innovateur.

Un mouvement qui agit plutôt qu'attendre ; l'action plutôt que la réaction, la passion plutôt que le détachement, la bravoure plutôt que la lâcheté, l'agilité et flexibilité mentale plutôt que la paralysie et le conservatisme, l'amour plutôt que la haine, la communauté plutôt que l'individualisme.

On a rarement vu un tel mouvement dans le passé et on en verra rarement d'autres.

\*

Nous devrons nous lancer corps et âme pour soutenir ce combat. Nous sommes en guerre contre des ennemis qui ont un énorme avantage. Ils ont un arsenal d'armes dont on ne peut même pas rêver : journaux, postes de télévision, partis politiques et gouvernements. Ils dominent le discours et conspirent ensemble.

Si nous voulons gagner cette lutte, nous devons nous blinder.

Nous devons forger nos armes intellectuelles, parce que nos armureries sont vides.

Ecrivez des livres, frères et sœurs, parce que chaque phrase enflamme les passions de milliers d'autres.

Chantez des chansons, frères et sœurs, parce qu'une chanson peut déplacer des montagnes.

Dessinez des images et faites des vidéos, car elles peuvent dire ce que les mots ne peuvent.

Nous avons besoin de toutes les armes que nous pouvons trouver. Chacun de vous a un talent qu'il peut utiliser dans notre combat. Aidez-nous à forger les armes que nous brandirons dans notre combat contre les soixante-huitards.

Nous les battrons.

Parce que nous sommes génération identitaire.

# 41.

# LA DÉCLARATION DE GUERRE

Soixante-huitards!

Nous avons finalement exposé nos arguments !
 Nous avons analysé vos actions et votre influence dans de nombreux domaines. Nous savons ce que vous vouliez et ce que vous avez fait.
 Nous vous comprenons, vous et vos actions, encore mieux que vous-mêmes. Séance tenante, entendez notre verdict :
 Maintenant et pour toujours, nous déclarons que vous êtes la chute et la destruction de l'Europe et du monde. Vous êtes les ennemis de toutes les identités et les opposants à toute forme de diversité.
 Vous haïssez tout ce qui est vibrant et coloré. En toute connaissance de cause, vous avez détruit tout ce qui nous était sacré, à nous et à nos ancêtres. Vous nous avez condamnés à cette vie dans un pâle crépuscule. Vous avez assassiné nos frères et sœurs et vous vous êtes émancipés de vos responsabilités.
 Vous avez combattu tout ce qui était naturel et détruit ce qui avait pris des siècles à bâtir. Maintenant, nous allons rendre justice.
 Nous allons arracher le sceptre du pouvoir de vos mains tremblantes. Si vous ne voulez pas l'abandonner, nous vous combattrons jusqu'à ce que vous soyez détrônés et devenus inoffensifs.
 Peu importe le temps que cela prendra, peu importe le prix à payer, nous vous vaincrons. Votre époque est révolue. Nous vous

balayerons, vous et vos idées délirantes. Vous devriez savoir que nous éliminerons à la racine les structures du pouvoir que vous avez utilisées pour nous dominer.

*

Notre patience a atteint ses limites.

Ne voyez pas ce livre comme un simple manifeste. C'est une déclaration de guerre.

Notre guerre contre vous.

## D'autres titres publiés par Arktos :

*Beyond Human Rights*
par Alain de Benoist

*Manifesto for a European Renaissance*
par Alain de Benoist & Charles Champetier

*The Problem of Democracy*
par Alain de Benoist

*Germany's Third Empire*
par Arthur Moeller van den Bruck

*The Arctic Home in the Vedas*
par Bal Gangadhar Tilak

*Revolution from Above*
par Kerry Bolton

*The Fourth Political Theory*
par Alexander Dugin

*Fascism Viewed from the Right*
par Julius Evola

*Metaphysics of War*
par Julius Evola

*The Path of Cinnabar*
par Julius Evola

*Archeofuturism*
par Guillaume Faye

*Convergence of Catastrophes*
par Guillaume Faye

*Why We Fight*
par Guillaume Faye

*The WASP Question*
par Andrew Fraser

*War and Democracy*
par Paul Gottfried

*The Saga of the Aryan Race*
par Porus Homi Havewala

*Homo Maximus*
par Lars Holger Holm

*The Owls of Afrasiab*
par Lars Holger Holm

*De Naturae Natura*
par Alexander Jacob

*Fighting for the Essence*
par Pierre Krebs

*Can Life Prevail?*
par Pentti Linkola

*Guillaume Faye and the Battle of Europe*
par Michael O'Meara

*The Ten Commandments of Propaganda*
par Brian Anse Patrick

*A Handbook of Traditional Living*
par Raido

*The Agni and the Ecstasy*
par Steven J. Rosen

*The Jedi in the Lotus*
par Steven J. Rosen

*It Cannot Be Stormed*
par Ernst von Salomon

*Tradition & Revolution*
par Troy Southgate

*Against Democracy and Equality*
par Tomislav Sunic

*The Initiate: Journal of Traditional Studies*
par David J. Wingfield (ed.)

Lightning Source UK Ltd.
Milton Keynes UK
UKOW02f0606160914

238604UK00001B/34/P